The Library as the Hub of Knowledge in Asia:
Classification for Supporting and Advancing Research in Asian Studies

図書館がつなぐアジアの知

|分類法から考える|

Uehiro Project for the
Asian Research Library

U-PARL
（東京大学附属図書館アジア研究図書館上廣倫理財団寄付研究部門）編

東京大学出版会

The Library as the Hub of Knowledge in Asia:
Classification for Supporting and Advancing Research in Asian Studies

U-PARL, editor
(Uehiro Project for the Asian Research Library)

University of Tokyo Press, 2020
ISBN 978-4-13-003602-3

はじめに

　本好きなら誰しも，自宅にある程度の量の蔵書を蓄えており，そしてどの本がどこにあるか，おおむね記憶しているのではないだろうか．

　頻繁に参照する辞書などが手の届きやすいところにあるのは勿論のこと，購入時期，内容や用途，愛着の度合いといった様々な要因によって，書棚の中にはあたかも自然の地形のごとくに時間をかけて形成された配列がうまれる．その本をしばしば取り出すことのある持ち主にとって，いつしかそれは動かしがたい必然の秩序となり，もはやこれ以上に合理的な配置が考えられなくなってしまう——これは，本に限らずモノを扱う多くの作業に共通する事実であろう．

　しかし，書架の並びに隠されたそのような法則を共有しない他者にとっては，一見雑然とした大量の蔵書の中から1冊の本を探し出すことは容易ではない．また，蔵書数も一定の限度を超えると，持ち主ですら，何がどこにあるかが分からなくなったり，あるいは以前に購入したことさえ忘れてしまい，同じ本を再び買ってしまったりするようになる．

　記憶や勘に頼らずに本を効率的に探すためには，著者名や主題など，何らかの客観的で分かりやすい基準にしたがって本を並べておくことが重要になる．そうすれば，そのつど書架を端から端まで眺めることなく，意中の本のありかを知ることができる．

　このように，あらかじめ決められた法則によって資料を配列し，

コレクション全体を体系的に整理することを，図書館の用語で資料組織（または資料組織化）という．資料組織の代表的な方法が，目録法や分類法である．

　古来，図書館人たちは，多くの資料を提供するために，その蔵書規模や利用形態に応じた組織法を考えてきた．プトレマイオス朝期に4万から50万巻（諸説あり）のパピルス巻子本を所蔵したといわれるエジプトの古代アレクサンドリア図書館は，伝えられるところではその蔵書を主題別に配置していた．この図書館に所属していた詩人・文献学者であったカリマコス（Kallimachos，紀元前310頃‐240頃）が，この蔵書をもとに120巻という大部の図書目録『ピナケス *Pinakes*』を著したことはよく知られている．『ピナケス』の原典は現存しないが，その中でカリマコスは，法律や医学などの主題ならびに詩や喜劇などの文学ジャンルごとに図書を分類し，各分類の中では，著者別に作品を列記していたと伝えられている．

　いうまでもなく，主題やジャンル，著者名で図書を分類・配列する方法は，今日でも有力な書架分類法として，公共図書館や大型書店において目にすることができる．また，雑誌，絵本，文庫本，新聞のように，形態によって分類されて別の場所におかれているものもある．こうした種々の分類により，私たちは広大な図書館や書店の無数の書架の中から必要なものを見つけたり，そこに意中の資料があるのかないのかを知ることができるのである．ちなみに，今日，日本の図書館で広く用いられている分類法は，日本十進分類法（NDC）である．これについて詳しくは本書の各論考に譲るが，この分類に関する知識があれば，図書館へ行ったときに哲学や宗教の本を見たければ100番台の書棚，政治学など

の社会科学なら 300 番台の書棚，文学なら 900 番台の書棚というふうに，目的によって迷わず自然と足が向かうようになる．図書館で本を見つけるときに，その図書館が採用する分類法を知っておくことは，一見遠回りのようで，時間や労力を大きく節約することにもつながるのである．

　ここまでくどくどと述べればもうお分かりだろう．本書の主題となるのは，まさにこの「分類」という人類の営為であり，東京大学本郷キャンパスで 2020 年に開館を予定している「アジア研究図書館」という，アジア研究のための新たな知の拠点の誕生に際し，この古くて新しい「分類」という問題に，アジア研究を含む様々な立場から光をあててみようというのが本書の趣旨である．

　ここで，この「アジア研究図書館」とは何か，そしてアジア研究図書館に密接に関わりながらその構築を支援する研究部門である U-PARL について，説明しておきたい．

　東京大学本郷キャンパスの拠点図書館である総合図書館は，1923 年の関東大震災による壊滅的な被害の後，1928 年にジョン・ロックフェラー・ジュニア（John Davison Rockefeller, Jr.）氏から寄付を受けて再建された，歴史的な価値のある建物である．地上 3 階（中央部は 5 階），地下 1 階からなり，当時，最先端の設計と設備を有した総合図書館も，再建から八十余年を経て，施設の老朽化が目立ち，蔵書の収容能力にも限界が見えてきた．そのため，2010 年より，総合図書館の改修を中心として，新しい知の拠点として生まれ変わらせるための「東京大学新図書館計画」が推進されてきた．

　この計画の大きな柱となるのは，再建当時の外観や意匠を活か

した総合図書館内部の全面的改修と，図書館北側の噴水広場の地下に新たに建設される別館である．広場の下の土を約50メートルにわたって掘り下げながら建設されたこの別館は，地下1階にグループ学習やイベントに活用できるアクティブラーニングスペース「ライブラリープラザ」を有し，さらにその下には，約300万冊の蔵書が収容できる国内最大規模の自動書庫が設置されている（2017年竣工）．そして，改修された総合図書館（本館）の4階部分に新たに設置されるのが，アジア研究図書館である．

　アジア研究図書館のコンセプトは，学内の様々な部局や研究室の図書室に蓄積されてきたアジア関係資料を，総合図書館の中に集めることで，より広い利用に供するのみならず，研究分野や研究対象地域の垣根を超えた研究者の協働による，新しいアジア研究の創出を可能にすることに主眼をおいている．全面開架フロアとなる4階には，約5万冊の蔵書を置くことができ，そのほかに，別館の自動書庫および本館の書庫も併用することで，仮に学内のアジア関係図書を全部集めたとしても溢れることはなく，世界水準のアジア研究コレクションを構築することが物理的にも可能となるのである．

　こうした新しい図書館の構築のためには，どのような資料を集め，どのように利用するのがふさわしいだろうか．こうした課題にアジア研究者の立場から取り組み，「アジア研究図書館」の構築を支援するため，公益財団法人上廣倫理財団の寄付によって2014年に設置されたのが，U-PARLこと東京大学附属図書館アジア研究図書館上廣倫理財団寄付研究部門（Uehiro Project for the Asian Research Library）である．U-PARLの活動は5年間をひとつの区切りとしている．2014年4月から2019年3月までの第1

期において，U-PARL が総合図書館とともに検討しなければならない課題は，研究に適した書架や机などの什器の配置や座席の数，想定される利用者層とそれに応じた利用規則など，多岐にわたった．なかでも，部門設立当初からの大きな課題は，アジアの諸言語で書かれた本や，欧米や日本を含む世界各地で出版される研究書などを，4 階の開架フロアにどのように並べるか，つまり書架分類をどのようなものにするかということであった．

　本書の企画は，アジア研究図書館の書架分類のために U-PARL が長い時間と大きな労力をかけて準備した分類表について，なぜこのような形に落ち着いたのか，多くの人に理解できるように説明するとともに，新たに分類表を作ることの経験を記録しておくことが必要であるとの思いから始まった．

　アジア研究図書館にはなぜ新しい分類が必要とされるのか．比較的規模の小さい専門図書館や研究室図書室において独自の分類表を作成することは，けっして珍しいことではない．とはいえ，図書館の規模が大きく，扱う資料の範囲が広くなればなるほど，独自の分類を作成するよりも，既存の分類法を用いるほうが賢明であろう．日本十進分類法やデューイ十進分類法（DDC），米国議会図書館分類表（LCC），国際十進分類法（UDC）など，先人たちが苦心の末に作り上げた分類法には，図書の専門家による工夫が凝らされており，それらを差し置いて新たに分類体系を模索してみても，車輪の再発明になりかねない．

　その一方で，アジア全域を対象とし，アジアの諸言語で書かれた資料を集めることを目指すアジア研究図書館において，既存の十進分類法をそのまま用いるのでは，大きな不便が生じることは

目に見えていた．多くの分類法は，その国で流通している一般書を念頭においているために，地域区分に偏りがある．例えば今日最も使用されている日本十進分類法新訂8版および9版において，日本史や中国史，ヨーロッパ史については詳細な時代区分が設定されている一方で，西南アジア史や中央アジア史は国別の区分しかないため，古代メソポタミア文明史とイラク現代史がまったく同じ分類記号になるといった具合である．どの地域にもそれを専門とする研究者がおり，同じように細分化した研究がある以上，同じように分類できることが望ましい．

　では，どのような地域区分を用いればよいのだろうか．主題分類については日本十進分類法やデューイ十進分類法を用いることについて一定のコンセンサスが存在する一方，〈地域〉によって図書を分類する方法には，本書のコラムで紹介する国立国会図書館関西館アジア情報室，東京外国語大学アジア・アフリカ言語文化研究所，国立民族学博物館みんぱく図書室の例をみても，共通の方式があるとはいえない．

　したがって，新たに地域研究図書館を創造するにあたり，地域分類や言語分類については，他館のものを踏襲するのでなければ，まったく独自に考案することに思い至ることは自然の成り行きであった．

　しかし，万人にとって使いやすい分類というものは存在しない．利用者の関心や知識のあり方は千差万別であり，この本とあの本がなぜ近くにないのか，なぜこの分野の本が一箇所にまとめられないのか，といった分類への違和感の全てを解消することは不可能であるように思われる．裏を返せば，開架図書の並び方は，その図書館の顔ともいえる重要な要素であり，その図書館の設立趣

旨や理念といったものが如実に反映される場所であるともいえる.

　全ての図書館についていえることであるが，図書館情報資源の質や利用の形態が日々変化していく以上，アジア研究図書館の分類法も，いつか変更を必要とする日が来るであろう．そのときに，U-PARL において議論されたことが繰り返されたり，車輪の再発明に陥ったりすることのないようにするためにも，分類表の解説というものが必要である.

　本書の第Ⅰ部はこうした発想から成り立っている．まず，アジア研究図書館構想の発端に立ち会った発起人の一人である古田元夫氏（当時，附属図書館長）には，「アジア研究図書館構想の誕生の経緯」の執筆をお願いした．また，U-PARL の初代副部門長であった冨澤かな氏には，アジア研究と分類の共通の課題について，問題提起となる論考を執筆していただいた．さらに，アジア関連資料を扱う他の図書館の分類はどうなっているのか，という疑問に答えるため，国立民族学博物館みんぱく図書室，東京外国語大学附属図書館，国立国会図書館関西館アジア情報室の書架分類に関して，第 1 期 U-PARL の特任研究員によるレポートをコラムとして収録した.

　第Ⅱ部は，インターネット検索の普及によって存在感が小さくなりつつある，分類法という情報資源組織の方法の可能性について再考することに主眼をおいて，各界の専門家の方々に執筆をお願いした論文 4 編を収めている.

　永田知之氏「漢籍分類の変遷——近代日本における四部分類への「回帰」」は，漢籍の分類方法として今日では当然のものと思われている四部分類の適用が，伝統的なものではなく，一種の回

帰として近代期に採用されたという逆説的な一面に光をあてている。アジア研究図書館も漢籍の分類には四部分類を使用しているが、なぜ四部分類を用いるのか、その利点についても多くの示唆が得られることだろう。

すでに触れたとおり、アジア研究図書館では全学共用の自動書庫にも資料を収蔵する。この自動書庫なるシステムは、多くの研究者にとって未知の世界であり、そこに資料を入庫することに抵抗を覚えたとしても無理はない。そこで、国際基督教大学図書館の黒澤公人氏に、自動書庫の運用について具体的な解説をお願いし、執筆していただいたのが「自動書庫の運用——請求記号によらず機械が所在を管理する」である。自動書庫に収蔵した資料には書架分類が必要ないため、今後、自動書庫が増えていけば、研究図書館における利用形態や研究方法にも変化が生じることが見込まれる。その示唆を得るべく、利用者にも多くの図書館関係者にも具体的に知られることの少ない舞台裏について解説していただいた。

増田勝也氏・美馬秀樹氏「自動分類の応用可能性——大学カリキュラムの可視化・比較へのNDCの活用実験」は、図書のための分類として国内で最も浸透している日本十進分類法を、大学カリキュラムの分類に用い、カリキュラムの分野の可視化、大学間の比較により特徴を知るという実験についての論考である。授業シラバスがオンライン化され、ペーパーレス化が進む今日、この大学や学部にはどのような授業があるのかという概観を把握することが難しくなっているなかで、大量のデータの特徴を捉える方法、分類を自動的に付与する仕組みなどを詳述しており、図書館関係者にとっても示唆に富んだ内容となっている。

山本昭氏「分類の広がり——分類法の国際化，多階層化，多目的化の展望」は，アジアの分類法の歴史にも言及しつつ，分類法の未来を考える上で重要な示唆を与えてくれる論考である．分類法のファセット化への世界的傾向，そして電子的情報資源の環境において変化する分類の役割，人手による分類のメンテナンスの必要性など，情報資源組織の専門家ならではの視点から指摘される問題点と方向性には説得力があり，電子的情報資源が主流となっていく中で，分類にまだ多くの可能性があることを感じさせる．

　なお，本書の編集にあたっては，U-PARL の前副部門長冨澤かな氏をはじめ，数多くの方々から助言と協力を賜った．コラムで紹介させていただいた国立国会図書館関西館アジア情報課，国立民族学博物館みんぱく図書室，東京外国語大学附属図書館の皆さまには短い期間で原稿に目を通していただき助言を頂いた．この場を借りてお礼申し上げる．また，東京大学出版会の山本徹氏には，多忙なスケジュールの中で編集作業に携わっていただいた．厚く感謝の意を表する次第である．

2020 年 3 月

編者を代表して
蓑輪顕量・德原靖浩

目　次

第Ⅰ部　図書館でアジア研究を考える

第1章　アジア研究図書館構想の誕生の経緯

古田元夫

　2010 年代のはじめ，東京大学の文系部局長でアジア研究者が多かった時期があった．具体的には，小松久男人文社会系研究科長・文学部長（中央アジア史），山影進総合文化研究科長・教養学部長（国際関係論 ASEAN 研究），末廣昭社会科学研究所長（東南アジア経済），羽田正東洋文化研究所長（イスラーム史）と，附属図書館長だった私，古田元夫（ベトナム現代史）の 5 人である．また東京大学の理事の中にも，副学長だった佐藤愼一先生（中国近代思想）と田中明彦先生（東アジア国際関係）という 2 人のアジア研究者がいた．このうち，東洋文化研究所長はアジア研究者が就任するポストだったが，他は，「たまたま」の偶然でアジア研究者がその役職についたということだった．この状況は，東京大学におけるアジア研究の振興にとっては，千載一遇の好機だった．

　さらに当時の濱田純一総長は，その任期中の重要施策として図書館の充実を考え，文系部局長との協議の中で総合図書館の大幅改修という「新図書館計画」（アカデミック・コモンズ）が浮上することになった．こうした二つの要素が結びついて生まれたのが，新図書館計画の一つの柱として総合図書館内にアジア研究図書館

を設立するという構想だった.

計画時に,東京大学は約74万冊のアジア研究図書を所蔵していた.内訳は,図書が36万4,000冊,雑誌が12万4,000冊,漢籍が25万冊に達していたが,これらは,文系の学部や研究所,教養学部や農学部などに分散して所蔵されていた.

アジア研究図書館は,これらのアジア研究図書を,可能なかぎり,改造後の総合図書館4階,別館地下の自動書庫,およびアジア研究図書館の分館と位置づけられる東洋文化研究所図書室に集中することを構想した.図書検索システムの発達で,文献がどこに所蔵されているのかは,以前に比べると容易に検索できるようになったが,必要な図書を閲覧するために,総合図書館,文学部,東洋文化研究所などを回り歩かなければならないとか,部局や研究室ごとに書庫への立ち入り,図書の貸し出しやコピーの方法が異なっているなど,利便性に欠ける面があった.さらに,集中することによって,東京大学のコレクションが世界に誇れる質と量をもっていることを,より明示できることも,重要な要素だった.

東京大学のアジア研究図書の多くは,各部局の教員が,その専門性や教育上の必要から購入したものが蓄積されてきた.アジア研究図書館は,こうした収書のあり方は維持しつつも,資源の集中のメリットを生かした新しい収書体制を築くことも意図している.資源の集中が必要になった一つの要因は,資料のデジタル化が国際的に広がる中で,デジタル資料へのアクセスを確保するには,高額の投資が必要なケースも増え,それを単独の部局が負担するのは困難になってきたことだった.また,東京大学では,アジア各地の専門家を網羅的に揃える体制はないので,教員の退職や転出などで,特定の地域や分野の図書が継続的に収書されなく

なってしまうという問題が存在している．筆者が専門としている東南アジア研究は，どの部局にも独自の学科とか部門などの安定した組織がないため，系統的な資料収集という点での弱点をもともと持っていたが，近年，退職者が多く出て，問題が顕在化している．たとえば2012-14年に，ある日本の学術洋書取次店が日本の大学に納品した東南アジア研究の分野の主要図書（基本書というべきもの）は80点あるが，そのうち東京大学のいずれかの図書館にあるものは，わずかに14点と2割以下になってしまっている．アジア研究図書館という全学体制ができれば，各部局の収書状況を見つつ，こうした「穴」があいてしまいそうな地域や分野があれば，それを補うことが可能になる．

アジア研究図書館に図書を集中するということは，部局の側から見れば「供出」になる．部局の側にも，図書収蔵スペースの狭隘化という問題があるので，本を出すことそのものへの抵抗感は減少しているものの，あまり使わない資料ではなく，使用度の高い大切な資料を供出するとなると，抵抗が大きい．おそらくは，部局にとっては「よそ者」である附属図書館からの要請では，反発をかって話はうまく進まなかったであろう．ここでは，アジア研究者である部局長が，自分の部局の説得にあたったという要素が，プラスに作用したと考えられる．

さらに，アジア研究図書は，様々な言語への対応が難しいとか，公的資金で購入する手続きに乗りにくいなどの理由から，大学の図書館には収蔵されず，教員個人のコレクションとして所蔵されているケースが多い．その多くが，少なくても日本では1冊しかない図書を多数含むコレクションで，なかには，世界的に見ても貴重なものがある．しかし，従来は，こうした教員が定年を迎え，

教員が自分の蔵書を大学に寄贈したいと思っても，部局では収納場所がなく，かつ図書登録の実務をこなすマンパワーと予算がないなどの理由から，受け入れられないケースが大半だった．アジア研究図書館の誕生は，こうした個人蔵書の中の貴重本の寄贈受け入れにも道を開く展望をもっている．

　しかし，こうした「絵」を描いたところで，私たちは，このような構想を実現するためには，かなりの規模の投資と人材の確保が不可欠であることに気が付いた．アジア研究図書館の設置に先立って，アジア研究図書館がめざすことを先導実験で展開する仕組みがないと，この計画そのものがうまくいかないと思われた．このような時期に，「救いの手」をさしのべてくれたのが，上廣倫理財団だった．同財団の支援で，アジア研究図書館の先導実験を展開するための寄付研究部門として，「東京大学附属図書館アジア研究図書館上廣倫理財団寄付研究部門（U-PARL）」が2014年に発足することになった．この研究部門の趣旨を，筆者は2013年夏の図書行政商議会（東京大学の全学的な図書行政の基本方針を審議する機関）で，次のように説明している．

　「アジア研究図書館を立ち上げたとしても，そこにサブジェクト・ライブラリアンを置いてコレクション形成を継続的に行なわないと，単にその時点でのアジア研究図書を一か所に集めただけのものになる可能性がある．現在アジア研究領域の図書資料のデジタル化が急速に進んでおり，世界的なデジタル化の動向を掌握して，東京大学としてのデジタル化の戦略・方針や，東京大学としてどのようなコレクションを作るかを考えていく必要がある．各部局がアジア研究図書を購入する従来のあり方を継承しつつアジア研究図書館を作るのであれば，全学でどういう研究資料の収

集計画があり，何が欠落していて，全学的に資源を投入してどういう資料を集めていくかに関して判断ができる仕組みを作る必要がある．サブジェクト・ライブラリアン等の人材を置き且つ人材育成の機能を持った組織として寄付研究部門が成り立たないかを構想している」．

　このアジア研究図書館上廣倫理財団寄付研究部門は，附属図書館としては初めての教員組織となった．それまでの附属図書館は教員組織をもたず，附属図書館長も，教員としては出身部局所属のままだった．この寄付研究部門は，アジア研究の知と図書館の知の協働・融合，研究者と図書館職員の協働によって，図書館が大学の知識基盤整備に積極的役割を担い得る組織となる上で，大きな意義ある出来事となった．アジア研究図書館は，その正式の誕生前から，東京大学における図書館のあり方に，大きな変容を実現する舞台ともなったのである．

　世界に誇れるアジア研究図書館という夢は，一朝一夕に実現できるものではないが，寄付研究部門の設置以来の歩みを見ると，一歩一歩，この夢に近づいていると実感している．

第2章　アジアと分類
——共通の課題，共通の希望

冨澤かな

1. 二つの課題——「アジア」と「分類」

　前章の「アジア研究図書館構想の誕生の経緯」に詳しく示された通り，東京大学の「アジア研究図書館計画」は 2010 年代はじめに浮上し，総合図書館の大幅な改修・増築に伴う「新図書館計画」の一環として進んできた．U-PARL（アジア研究図書館上廣倫理財団寄付研究部門）はこのアジア研究図書館の設立と運営に研究者の視点で参与する，附属図書館所属の研究部門であり，筆者は本部門の 2014 年の発足から 4 年間，その副部門長を務めた．デジタル化への対応[1] やフロアプランの検討等々，実にさまざまな課題が山積していたが，それらをあえてまとめれば，そもそも今いったいどのような「アジア研究」のための場を目指すべきなのか，そして，どのような資料をどう集めどう扱えばその実現に向かいうるのか——ということであったように思う．その根本に関わる問題が「分類」である．本章では，「アジア研究」と「図書分類」を支える近代的な学問枠組みの共通性に着目し，その課題と今後の可能性を考えたい．

⑴　新しい図書館で新しい分類を考える

　新しい図書館における資料の集約，再編とその根幹となる分類を考える上での重要な条件が，自動書庫の導入と，図書館の空間利用の変化であった．

　アジア研究図書館開館時の蔵書は，U-PARL 予算による新規購入資料，U-PARL が整理業務を行う寄贈資料とともに，東京大学の各所に散在する——東京大学には30の図書館・室があり，さらに研究室で収蔵・管理されている資料も多い——アジア関連資料を合理性のある範囲で適宜集約することで形成される予定であり，冊数で言えば，この三つめが中核となる．本書第1章にある通り，2013年に学内で行ったアンケートに基づけば，全学から36万4,000冊の書籍がアジア研究図書館に集まることが期待される．東京大学アジア資料の適切な集約は，アジア研究図書館計画全体を左右する大きな課題であるが，その資料を導入し管理してきたそれぞれの学内組織が貴重な資料を手元から離す決断をするには，アジア研究図書館にその資料が集まることによる便宜や意義を示すことが不可欠である．もちろん，一館に集まることには一定の意義が認められようが，実際にその資料がどこにどう並び，どういう条件で利用に供され，資料情報はどう提供されるのか，さまざまな要素が問われることになろう．そのもっとも基本的な条件が，資料の収蔵場所である．

　どの図書館にも必ずめぐってくる悩みが収蔵場所の不足である．特に海外の大学では，郊外に大型書庫をつくる動きが多く見られるが，東京大学では郊外型ではなく，あくまで学内の収蔵拡大を目指すこととなり，総合図書館前の空間を約46メートル掘り下げ，300万冊を収蔵する自動書庫を含む総合図書館別館をつくっ

た．郊外型であれば通常，請求から一日は待たなくてはならない
ところ，自動書庫ならば数分での出庫が期待できる．現代の技術
の素晴らしい恩恵であるが，しかし，この規模の自動書庫の利用
例は世界でもまだ少ないこともあり，不安も多く語られてきた．
詳しくは本章4節に後述するが，人間が本を直接手に取り眺める
可能性のないブラックボックスに本を入れることへの不安は強く，
特にアジア研究の専門書や地域言語の資料をそこに置いてうまく
運用できるのかは重い問いとなってきた．ではそういった資料は
できるだけ本館の開架フロアか通常の書庫に収蔵すればよいとの
案が浮かぶところだが，本館の改修にあたっては，耐震性等のさ
まざまな建築基準，バリアフリーの必要性，そして学生と研究者
が集まり活発な研究活動を進められる多様な空間の要請など，新
しい図書館ならではの条件に応える必要があり，収蔵冊数はむし
ろ減少せざるを得ない．そこにはもちろん，アジア研究図書館資
料とは別に，大量の総合図書館資料も収蔵される．実際のところ，
本館4階のアジア研究図書館開架フロアに並べうるのは5万冊程
度であろうと予測されている．予定通りそれ以上の資料がアジア
研究図書館に移管された場合，残りは，一部は地上の開架フロア
外の書庫に入るとしても，大多数が自動書庫に収まることとなる．
この条件のもとで，真に合理性のある資料の集中がかなう方策を
考える必要がある．アジア関連資料を集約し，一部を開架に並べ，
多くを自動書庫に収めるとして，どうしたら，今まで以上に発見
性が高くアクセスしやすい環境をつくれるだろうか．そこで大き
な問題となるのが，資料の扱いの根本となる「分類」である．

　アジア研究図書館の資料については，まず「地域」で分類し，
次いで「言語」，その後「主題」で分類するという基本方針が，

U-PARL の設立以前に決定されていた．この方針のもと，さまざまな可能性の模索の末にようやくできあがったのが，第3章で詳説されるアジア研究図書館独自分類である．ここに至るまでには大変な紆余曲折があったが，その第一歩となった問いが，「アジア」という地域区分への問いである．アジア研究の図書館が対象とする「アジア」とはいったいどこのことなのか，そしてその「アジア」をどう地域として分類するのか，まずそこから考えなければならなかった．そしてそれは，そもそもこの図書館が名に冠する「アジア研究」とはいったい何なのか，という問いと固く結びついていた．

⑵　新しい図書館で「アジア」を考える

　東大という日本を代表する国立大学法人がアジア研究の専門図書館をつくるにあたっては，当然ながら，アジア主義やオリエンタリズムなど，アジアを考える学問の歴史の問題にも向かい合わざるを得ない．また，東京大学附属図書館の中心をなす総合図書館のワンフロアを「アジア研究」にあてる以上，それは一部の専門分野にとどまらず，文理を問わず多分野にわたるものであるべきであるが，そうであればあるほど，では何が対象となり何は対象とならないのかが問題となる．そしてアジア研究図書館がテーマとする「アジア」とは何なのかという問いは，アジア研究図書館独自の「分類」の検討と不可分に結びつく．第一層の「地域」分類を，いったいどう構成するかで，蔵書の全体像が見えてくるともいえる．「分類」というテーマには，アジア研究図書館と U-PARL の根本的な課題が集約していたとさえ思われるのである．

　以下，本章では，U-PARL のアジア研究者が図書分類に取り組

むことでどういった問題に直面したか，そして，「アジア」を語る営みの過去と未来の困難と可能性について考え，そこに通底する問題を考察していきたい．

2. アジア研究者，図書分類に挑戦する

(1) ものの分類と観念の分類

　地域→言語→主題の三段階で資料を分類する．この条件のもと，各階層の分類の検討を始めてすぐに，我々はいかに自分たちアジア研究者が図書分類というものを知らないかを痛感することとなった．まず期待したのは，当然ながら，既存の分類体系の活用である．少なくとも「主題」の階層は，これを適宜用いればよいのではないかと考えたのである．まず，日本で広く使われている日本十進分類法（NDC），洋書の分類の蓄積の多いデューイ十進分類法（DDC），英米の大学での使用例もさらに増えている米国議会図書館分類表（LCC）の可能性を考えた．また，学内からアジア研究図書館に移管，集約されることが期待される資料を最も多く抱えるのが東京大学東洋文化研究所図書室なので，その独自分類を活用することなども考えた．しかしすぐに，既存の体系の単純な援用が不可能であると気づくことになった．NDC も DDC も主題に応じた分類体系とは言えようが，その中に――本表内で，あるいは補助表によって――地域分類や言語分類を含みこんでおり，その包含の仕方も一律ではない．その体系を，地域，言語の二階層の区分の下に単純に組み込むことはできないのである．最終的には第3章に詳しく語られるように，主題の階層は NDC の第2次区分表（綱目表：10×10区分）までを基本とし，宗教の一

部および不均衡記号の一部にのみ，第3次区分表（要目表：10×10×10区分）を適用し，細分が必要な項目にはアルファベットによる独自の付加記号を用いることに落ち着くのであるが，そこに至るまでには長い紆余曲折が続くこととなった．

　結果として，既存のさまざまな図書分類のうち，最も多くの時間とエネルギーを傾けて検討し，実際に利用することになったのがNDCだった．その検討を始めた時まず感じたのは，各人の研究上の感覚とのずれであった．例えば，167は「イスラム」であるが，イスラーム哲学は「129 その他のアジア・アラブ哲学」の下位に入ることになる一方，イブン・スィーナー（アヴィケンナ）やイブン・ルシュド（アヴェロエス）の哲学は「130 西洋哲学」＞「132 中世哲学」＞「132.2 スコラ哲学」の下位，「132.28 アラビア中世哲学」に収められる．900番台は文学であるが，例えば英米文学に930番台，ドイツ文学に940番台が与えられているのに対し，東洋文学は，920番台の「中国文学」の下位の「929 その他の東洋文学」にまとめられている．「書．書道」は，「絵画」の720番台の下位の728に置かれ，「舞踊．バレエ」は，760番台の「音楽」の下位の769におかれる．こうして分類体系を覗き見て初めて，それが研究者が漠然と持っている分類の感覚とはずれていることを知ったのだった．当初我々は，このずれに大いに不満を感じたものである．しかしその後，そもそも研究者が想定する分類の論理と，図書分類のそれが目指すところが，根本的に違うということにようやく思い至ることになった．筆者の理解では，その違いの根幹は，研究者が考える分類がごく観念的であるのに対し，図書分類は観念以上に，図書という「もの」の分類であるということだ．図書分類の第一の機能は，主題を観念的に正しく

分けることではなく，図書という物体を，適宜切り分けて，その一冊に一つの住所を与えることにあると，思い至ったのである．

NDC も DDC も，現在広く普及している図書分類の多くは，基本的にはツリー構造で，十進法の場合，10 分割の反復が基本構造である．そのどこか一か所に，書籍を位置付けるのである．だが考えてみれば，森羅万象が均等に十進法に収まるはずはない．そして，図書分類がやろうとしているのは，森羅万象の論理的分類ではなく，森羅万象を扱う「図書」を整理，配架，同定できるよう，一つの住所を与え，並べることなのだ．当然，出版点数のばらつきも意識し，その中で，理論的には別カテゴリーのものを同じ番号の下位に置くことや，並列的なカテゴリーを違う階層に置くことも起きてくる．

だが，図書分類は，一義的には「もの」の分類であっても，それはあくまでその主題に応じてなされており，だからもちろん「観念」の分類でもある．図書に住所を与えるだけなら，図書分類を用いず，通し番号でも，タイトルの文字順でもよいわけだが，少なくとも「これまでの図書館」において，多くの人間が便利と感じる図書の並びは，主題に応じた論理性を持つものであった．この二面性が，図書分類の素人である我々の混乱の一因であったように思う．あとになって学んだ語彙を用いれば，図書分類が「書架分類」と「書誌分類」の二方向に用いられるということだ．

図書分類は，一冊の書籍をある図書館のある書架に収めるための請求記号をつける上で大きな役割を果たすが，同時に，その書籍が何であるのかを示す，書誌情報としても用いられる．一冊の書籍の住所である請求記号を決める「もの」の分類である「書架分類」は一つでなくてはならないが，その書籍の性質を示す「観

念」の分類である「書誌分類」は複数与えることも可能である．
例えば，関根康正『ケガレの人類学——南インド・ハリジャンの
生活世界』は，大学図書館などの総合目録データベースを形成す
るためのシステムである NACSIS-CAT の——そしてその情報を
共有している全ての図書館の OPAC でも——書誌の「分類」情
報としては，国立国会図書館分類表（NDLC）で社会学の「カス
ト（Caste）」（カースト）を示す EC165 とともに，NDC では 8 版
による 389.256 と 362.256 が与えられている．389 は「民族学.
文化人類学」，362 は「社会史. 社会体制」を示し，.256 は調査
地である「タミル・ナド州」（タミル・ナードゥ州）を示す．ある
いはタミル・ナードゥ州の民族誌を示す 382.256 など，さらに別
の番号を選び登録する可能性もあったろう．そもそも書籍の主題
は一つに絞れるとは限らない．一方で，書架上はどれか一つを選
ぶほかない．例えばこの本は東京大学には 5 冊所蔵があるが，
NDC を用いている総合図書館と駒場図書館ではそれぞれ，
「382.25: Se36」「389.256: Se36」の請求記号がついている．一つの
分類記号に著者記号 Se36 を組み合わせることで，本に同定可能
な一つの住所を与えている．図書分類には，書籍という「もの」
に一つの排他的な住所を与えるという役割と，その書籍が持つ多
面的なテーマという「観念」を資料情報として示し資料の発見性
を高めるという役割があり，それがつながりつつ時に矛盾して見
える．そのような体系として，図書分類を考え，扱う必要がある
と気づいたのだった．これは図書分類に携わったことのある人に
は，ごく当たり前のことであろうが，しかし，図書館をもっとも
利用しているはずの研究者にとっては，まったく新たな気づきで
あった．そして後に，このことが，自動書庫を持つ新しい図書館

では，また新たな意味を持つと思い至ることになるのだが，これについては後に述べたい．

(2) さまざまな悩み

すでに触れた点を含め，アジア研究図書館の分類の条件をまとめると以下のようになろう．

① 「地域→言語→主題」の三階層で分類する．

② 非アルファベット表記のものを多数含む外国語資料，専門性の高い資料，古い資料，既存の書誌のない資料，あっても書誌分類のない資料が多い．

③ 資料の言語や専門性によっては研究者でないと分類が困難であるが，一研究室の蔵書のような規模ではないため，研究者と図書館職員の双方が理解して運用する必要がある．

④ 学内からの移管資料が蔵書の基幹をなす見込みのため，現在の所蔵先の研究者が不便を感じず，一定の納得を感じる分類が求められる．

⑤ 開架資料と自動書庫資料と，おそらく通常書庫資料もある．

⑥ 開館時に大量に処理しなくてはならない．

この条件を満たし，無理なく運用可能で，今まで以上の環境をつくれる分類とは，いったいどのような分類であろうか．それを考えるには，さまざまな矛盾する要求の調停が必要であった．

研究者としてはできるだけ整合性があり，現在の研究水準に照らして納得のいく「正しい分類」を追求したい気持ちに駆られるが，図書の分類としては，混乱なくスムーズに並ぶことこそが重要である．前者にこだわるほど分類は複雑化し特例が増えるが，それは運用の難しい体系になる．多くの場合，研究者は細かい分

類に向かいがちで，それでしばしば図書館職員から「そんなに細かく分類しても意味がなく，むしろ不便になります」との助言を受けることになった．ではごくざっくりと分類するのでよいかといえばそうでもない．粗い分類に著者記号をつけて請求記号にした場合，同じ記号内に大量の書籍が置かれ，発見と管理が難しくなる．同記号内で通し番号をふることができればこの問題は回避できるが，この規模の蔵書で，しかも開架と自動書庫の間の配架移動もありうる中で，通し番号を管理運用することは不可能か，少なくとも大変非合理であるとの結論に至り，やはり浅すぎず深すぎない「ちょうどよい」分類という課題に取り組むほかなかった．「ちょうどよい」深さの分類を求める上では，現時点で想定される蔵書のバランスと，今後のそれとをどう見込むかという問題もある．蔵書の基幹をなすであろう東京大学内のアジア関連資料を見ると，歴史や思想などの分野の蓄積が大きいが，一方で，社会科学系の蔵書の増加速度があがっていると考えられ，その他の分野も今後拡大する可能性があり，むしろ期待される．これまでの蔵書を意識して前者を深く分類しておくのか，今後を考えてまた違うバランスを考えるのか，正解のない難しい問いだった．例えば地域を分類する際，社会科学系に焦点を合わせれば国家単位の地域分類に便宜が見いだせる場合が多いが，歴史・思想系に焦点を合わせれば現代の国家の枠組みはうまくあてはまらないなど，さまざまな問題が生じた．

　また，アジア研究の専門図書館として，地域ごとの特性を重視したい一方，異なる地域を同じ主題で横断して総覧できる「トランス・アジア」な機能も求められる．例えば，NDC 新訂 9 版（NDC9）の 200 番台「歴史」では本来，「アジア史. 東洋史」は

220番台にまとめられている．その中で，朝鮮史や中国史には，現在の研究感覚とは一部ずれるものもあるにせよ，細目まで用いてかなり詳細な時代区分や地域区分が与えられているが，例えばペルシア・イラン史には，検討時点で参照していたNDC新訂9版では227.2が与えられているのみであった．NDC新訂10版では新たに「20世紀—」のペルシア・イラン史を示す227.207が加えられたが，中国史などの分類の細かさとの差は実に大きい．出版点数から考えればこれも理にかなっていようが，アジア研究に特化した図書館では，資料の比率も一般とは変わる上，不均衡な分類を地域分類の下にそのまま持ち込むことに合理性があるとも考えにくい．ならば，すべての地域に対して，例えば同一の時代区分を持ち込めば，横断性は確保できるだろうが，古代・中世・近世・近代などの時代区分の曖昧性や問題性の認識はますます深まっており，そもそも地域によって「歴史」に見いだせる境目は大きく異なるため，安易な共通区分は持ち込めない．実際，この200番台には大いに苦心した．最終的にこれらの問題をどう調停し，どのような分類にまとまったかについては，次章を参照されたい．

　次いで，開架資料と自動書庫資料の問題がある．期待通りに36万冊以上の書籍が集まり，5万冊程度が開架フロアに置かれるとして，この独自の分類を，残る30万冊以上の自動書庫資料にも与えるのかどうか，これは大きな悩みであった．自動書庫は，人間が直接入ることのない書庫であり，資料を出し入れするにはID番号だけがあればよい．「これまでの図書館」に求められた，人間がなじみやすい論理的な資料の並びの必要ない，書架分類の不要な書庫なのである．それゆえ，資料に住所を与えるという意

味では，自動書庫資料にアジア研究図書館の独自分類は不要なのだが，一方で，開架と同じ番号を与えてあれば，資料の発見性を高める書誌分類として役立つことが期待できる．しかし短い期間でこの数の専門性が高い多言語の資料に適切な分類を与えるには，大変な人的・資金的コストがかかる．長い検討の結果，学内から集約されるであろう資料で，自動書庫に入庫するものには，独自分類は与えないことになった．しかしだからといって，この独自分類の「書誌分類」としての役割を捨て，ただ開架の数万冊のみの「書架分類」として用いることにしたわけではない．詳しくは4節で後述するが，将来的には，既存の書誌分類と，この独自分類をゆるやかに紐づけし，「デジタルブラウジング」に用いる可能性を担保しておくことが必要であると考えた．そのためには，少なくとも主題分類がNDCからあまり大きく乖離しないことには，一定の意義があると考えられた．

　また，長く無理なく運用されるには，理解しやすく，習熟者も多い分類にできるだけ準拠すべきであるが，同時に，学内の資料分類の伝統も無視できない．ここには資料の移動と再編の問題が関わってくる．これまでの分類を大きく変えれば，その分類に慣れている研究者，特にその資料の現在の所蔵先の研究者は，少なくとも当面は，大きな不便を感じるであろうし[2]，分類の作業コストも大きくなる．だが，新しい体系に学内各所の多様な分類を持ち込むことも至難の業である．こういった，さまざまな矛盾する要求をひとつひとつ整理し，迷いを繰り返し，修正を繰り返して，どうにか独自分類をまとめたのであった．

3. 「アジア研究」の過去と未来

　ここで一度アジア研究図書館独自分類策定の問題から離れ，「アジア」という地域区分と，「アジア研究」という学問分野について考えたい．

　1節でも指摘したように，そもそも「アジア研究」という言葉が何を意味するのか，東京大学のアジア研究図書館はいったいどのようなそれを目指すのかは，根本的で重い問いであった．アジアに関わるさまざまな学問分野が，植民地支配や戦争や新旧のさまざまなパワーバランスの中で発展したものであることは明らかであり，そこには西洋中心主義的な「オリエンタリズム」のゆがみも，また，それを反転させた「アジア主義」のゆがみも，分かちがたく関わっている．そもそも「アジア」という言葉は，諸説あるものの，「オリエント」と同じく，日の昇る方向を示すものと言われている．つまり「東洋」ということだが，日本から見れば東にはアメリカがあり，そもそもこれらは相対的な方向性を意味するだけの語である．それにもかかわらず一定の地域を切り出せるとしたら，どこかを基点に日の出る方向を指しているのであり，つまり「アジア」も「オリエント」も，西欧を基点にした語彙ということになる．そのような「アジア」を今どう捉え，どう向き合えば，よい「アジア研究」の場が望めるのか．これを大きなテーマとしたのが，U-PARL 設立初年度の 2015 年 1 月に開催したシンポジウム「むすび，ひらくアジア──アジア研究図書館の構築に向けて」[3] である．本章の特に本節は，そこでの筆者の発表「〈アジア〉を考える──インドの事例に見るその意味と困

難」をもとにしている．筆者の専門は宗教学であり，特にインドに関する「オリエンタリズム」問題を研究している．なかでも，18世紀末にインドの統治とともにその研究に携わり，近代的インド研究の分野をひらいたとされるイギリス人たちのインド観，宗教観には強い興味を持っているが，そこから「アジア研究」の成り立ちを見直し考えようとした．そしてそこには，図書分類との結びつきも見いだされたのである．

⑴ 「アジア研究」ことはじめ
——サー・ウィリアム・ジョーンズの研究構想

「アジア研究」に類する表現がいつどのように定型化したのか，筆者はきちんとたどれていないが，18世紀英語・英国刊行物データベース（ECCO）などを引いてみるに，18世紀末にカルカッタに設立された学会，アジア協会（Asiatick Society[4]）の会誌のタイトル，Asiatick Researches が，ごく初期の重要な用例の一つであることは間違いないように思われる．この学会を設立した人物がウィリアム・ジョーンズ（William Jones, 1746-1794）である．ジョーンズは東洋学者であるとともに法学者，詩人としても活躍した人物で，多言語に習熟し，オックスフォード大学ユニヴァーシティ・カレッジで東洋学を専攻しアラビア語とペルシア語を学び，若くして東洋学者として知られるようになる一方，法学も修め，インドにはカルカッタの最高法院の判事として赴任した．そこで彼は，近代的インド学と比較言語学の基礎を築いたことで知られる．

西洋では彼以前にも，インドに関する知見はさまざまに伝えられてきたが，その中で，彼こそが近代的インド学の祖と呼ばれる

のにはいくつかの理由がある．まず，それまで外国人には学習が
かなわなかったサンスクリット語を習得し，サンスクリット文献
に基づく研究を可能にしたことが挙げられる[5]．次いで，学会
「アジア協会」を設立し，学会誌もつくったことで，一つの学問
分野を確立し，その成果がイギリス，ヨーロッパへと広まるよう
にした．そして，最大の功績が「サンスクリット語の発見」と呼
ばれる発言である．1786年のアジア協会設立第三回記念講演で
ジョーンズは，サンスクリット語を「ギリシア語よりも完全で，
ラテン語よりも豊富で，しかもそのいずれにもまして精妙に洗練
されています」と称えた上で，これらの言語は，語彙のみならず
文法構造でも顕著な類似を示しているとし，「それらは，おそら
くはもはや存在していない，ある共通の源から発したものであ
る」[6]と考えざるを得ない，とした（Jones 1993: III, 34-5）．さらに，
ゴート語とケルト語，古代ペルシア語も，おそらく同じ「語族」
（family）に属しているだろうとも語った．この発言は，印欧語族
仮説と比較言語学の始まりを告げるものとされるが，同時に，西
洋人にとってのインドの位置づけを大きく変えるものともなった．
これをもってインドは，ヨーロッパとつながりを持つ歴史ある高
度な文明世界と認識されるようになり，インド研究が急激に進む
ことになるのである．

　さて，ではジョーンズ自身は，どのような「インド研究」「ア
ジア研究」を志していたのであろうか．まず渡航時の船上で，さ
っそくこのような計画を立てている．

　　アジア滞在中の調査対象
　　①ヒンドゥー教徒，イスラーム教徒の法律，②古代世界の歴

史，③聖書の立証・例証，④ノアの洪水等に関わる伝承，⑤
ヒンドゥスターンの現代政治と地理，⑥ベンガルの最善の統
治方法，⑦アジア人の算術，幾何学，および混合諸科学
（mixed Science），⑧インド人の医学，化学，外科医術，解剖
学，⑨インドの自然の産物，⑩アジアの詩，修辞，道徳，⑪
東洋の諸民族の音楽，⑫詩経，⑬チベットとカシミールの適
切な理解，⑭インドの商業，製造業，農業，⑮『デフテリ・
アーラムギーリー』や『アーイーニ・アクバリー』に見られ
るムガルの国制，⑯マラータの国制

（Jones 1993: II, 3-4）[7]

当時のカルカッタでは，ベンガル総督ウォレン・ヘイスティング
ズ（Warren Hastings）の下，インド統治のためにインドの研究が
求められており，だからこそジョーンズの赴任も実現したのだが，
その主眼はあくまで統治のための実用の知にあった．それゆえ，
判事であり東洋学者であるジョーンズの第一の責務は，1番目に
挙げられている「ヒンドゥー教徒，イスラーム教徒の法律」の研
究であったが，しかし彼のこの計画は，その範囲を超え，インド
の枠も超えて，広くアジアに関する百科全書的な知を志向してい
る[8]．この段階ではまだ茫漠として見える研究計画は，カルカッ
タ到着後間もなく，1784年1月のアジア協会設立時の講演では
大幅に整理されていた．まずジョーンズはこう述べる．

　　……私の考えでは，みなさんは，唯一アジアの地理の範囲に
　　しか限定されない豊かな空間を，学的探求の対象とすること
　　となります．……この地理的限定の中で何が意図的な研究対

象になるのかと問うならば，答えはこうです．人間と自然です（MAN and NATURE）．前者によって営まれ，後者によって生み出される全てです．

　この文章をシンポジウムを前に見直した時，それがアジア研究図書館計画に驚くほど通じていることに気付いた．U-PARL のウェブサイトの「U-PARL とは」のページには，「〈アジア〉というタームの下に，極めて広い地域，時代にわたる資料が集まり，多様な学問分野が結びつき行き交う場をつくっていく」と記されている[9]．アジア研究図書館が想定する「アジア研究」が，例えば東洋史，東洋哲学，地域研究などの既存の枠組みの内に収まるものではなく，理系分野も含めた「アジアに関わるすべての学知」を広く横断的に対象とするという意思表明であるが，その発想は 18 世紀末のジョーンズのこの言葉に実に近い．さらにジョーンズは，彼の「アジア研究」の全容をこう説明する．

　　人間の知は心の三つの主要な能力，記憶と理性と想像力とに従って見事に分類されてきました．……ゆえに学問の主要な三分野は，歴史（history）と科学（science）と技芸（art）であります．……みなさんは，驚くべき自然の構造中の珍しいもの全てを調査し，新たなる観察と発見とで，アジアの地理を書き換えることでしょう．時々にそこに住み去っていった諸民族の年代記と伝説をたどることでしょう．そしてそのさまざまな統治形態を聖俗の組織と共に明るみに出すでしょう．また，算術と幾何学，三角法や測量法，機械工学，光学，天文学，そして一般物理学の発展と方法論を調査することでし

ょう．その道徳のシステム，文法，修辞学，論理学を，そして外科と内科の技法と，解剖学と化学のあらゆる発展を，みなさんは研究するでしょう．農業，工業，商業の調査も加えられます．音楽，建築，絵画，詩の探求の一方で，社会生活の快適さと優雅をも提供し発展させてきたこれらの下位の技能の調査も忘れてはなりません．(Jones 1993: III, 5-6)

彼の考える「アジア研究」が，アジアに関するすべてを対象にしていること，そして，船上の計画にはまだ見られなかった体系的整理がなされたことがわかる．ここで注目したいのが，その体系そのものである．ジョーンズは以下のように，人間の三つの能力に応じた三つの分野分けをしている．

- 「記憶」に基づく「歴史 (history)」：年代記と伝説，さまざまな統治形態，聖俗の組織など
- 「理性」に基づく「科学 (science)」：算術，幾何学，三角法・測量法，機械工学，光学，天文学，一般物理学，道徳，文法，修辞学，論理学，外科と内科の技法，解剖学，化学など
- 「想像力」に基づく「技芸 (art)」：農業，工業，商業，音楽，建築，絵画，詩など

実はこの分類は，ジョーンズのオリジナルではなく，フランシス・ベーコンの『学問の進歩』(1605年) に則っている．ベーコンは言う．

人間に関する学問の諸部門は，学問が宿る，人間の知力の三
　つの部門に関係がある．すなわち，歴史は人間の記憶に，詩
　は人間の想像力に，哲学は人間の理性に関係がある．神に関
　する学問も同じように区分することができる．（ベーコン 1974:
　126）

『学問の進歩』ではこの区分のもと，それぞれの下位区分につい
て論じ進めている．その内容は必ずしもジョーンズの区分と完全
に一致するわけではないが，類似しており，ジョーンズの講演が
これに基づいていることは間違いないものと思われる．そしてこ
のベーコンの分類こそは，「逆ベーコン式」と呼ばれるウィリア
ム・ハリス（William Torrey Harris）が1870年に策定した図書分
類法を経て，1876年のデューイ十進分類法の成立へと結びつく土
台となるのである．

⑵　分類の知・近代の知と「オリエンタリズム」

　ジョーンズが生きた18世紀はしばしば「分類の世紀」と呼ば
れる．万物を博く収集，記録，分類，理解しようとする営みは古
くより各地に存在するが，その「博物学（Natural History）」が大
きく発展したのが18世紀のヨーロッパである．海外からの情報
と物資の流入が増え，リンネ『自然の体系』が出版され，バンク
ス（Sir Joseph Banks）は『植物図譜』を編纂し，スローン（Sir
Hans Sloane, 1st Baronet）のコレクションに基づく大英博物館が成
立した——それは自然史博物館と大英図書館にも結びついてい
く——世紀であり，そして，サミュエル・ジョンソン博士（Samuel
Johnson）の辞典編纂がなされ，フランスでは百科全書が編纂され

た世紀である．ここに共通するのは，世界を，万物を，もれなく総覧し，整理し，体系的に理解，把握しようという意思である．17 世紀初頭のベーコンの分類論は，学問の全体像の見取図として，そこに大いに影響を与えたと考えられる．そしてその同じ分類論が，19 世紀には図書分類を生み出すこととなる．ベーコンが歴史，詩，哲学の順に大分類を示しているのに対し，これに影響を受けた[10] ハリスは順序を逆転し科学，芸術，歴史の順で大区分し，それゆえその分類法は「逆ベーコン式」と呼ばれる．例えば科学の下位には哲学，神学，社会・政治科学，自然科学と技芸（useful art）がくるが，その後の DDC はこの分類順とかなりの程度まで重なっている[11]．こう見ると，図書分類とアジア研究が，同じ根の上に成り立ったものであることがわかるのである．

　ジョーンズのインド研究，アジア研究は，19 世紀に生まれる図書分類に通じる，分類・総覧の知を志向していた．彼は「私の本望はこれまでのどのヨーロッパ人よりもよくインドを知ることであります」（Jones 1970: II, 751）と述べている．ジョーンズはリンネの植物学にも通じていたといわれ，その志向は明らかだ．そしてそのジョーンズに対し，エドワード・サイードの『オリエンタリズム』（サイード，1993）は手厳しい扱いをしている．

　『オリエンタリズム』でサイードは，「西洋」が「東洋」に対して繰り返してきた支配・差異化・蔑視を基本とするステロタイプの言説とその権力構造を分析し厳しく批判したが，インドに共感と称賛を寄せたジョーンズはそのような批判の例外ではないかといわれることがある．しかしサイード自身は，ジョーンズのインド研究をまさに「オリエンタリズム」の嚆矢とみて批判している．

……彼［ジョーンズ］は……「私の本望はこれまでのどのヨーロッパ人よりもよくインドを知ることであります」という控えめな手紙を書き送っている．……アンクティル［・デュペロン］が広大な展望を切り開いたとすれば，ジョーンズはコード化し，図表化し，比較しながら，その展望を閉ざしていった．……ジョーンズは……東インド会社のポストに就くと，ただちに一連の私的研究を開始した．それはオリエントを囲い込み，網で仕切り，飼い慣らし，それによって，オリエントをヨーロッパの学問の一領域に仕立てあげようとするものであった．……ジョーンズは，この協会［アジア協会のこと］の初代会長として，また判事として，東洋と東洋人についての実践的な知識を身につけ，それによって，のちには……押しも押されぬオリエンタリズムの創始者となるのであった．支配し知識を得，しかるのち東洋（オリエント）と西洋（オクシデント）とを比較すること，それがジョーンズの目標であった．そして，オリエントの無限の多様性をつねに法則や数字や習慣や作品の「完璧なる要約（ダイジェスト）」にまで圧縮し，コード化しようという抑えがたい衝動によって，彼はついにこの目標を達成したものと信じられているのである．（サイード 1993: 上 183-85）（［　］内は筆者）

サイードから見れば，インドを蔑視したか賞賛したかは二次的な問題に過ぎず，それ以上に，西洋人が東洋を対象化し，「分類」し「全てを知る」姿勢の権力性，一方性こそ批判すべきオリエンタリズムの本質であり，ジョーンズはその典型なのである．

　重要な指摘であるが，しかしその批判が示されて 40 年を経て，カルチュラル・スタディーズやポスト・コロニアル批判やさまざ

まな参与型の研究などが展開してきた結果，ではそれで総覧・分類の知が乗り越えられて，新たな何かに切り替わったかといえばそうは言いがたいように思う．世界を分類し，ラベル付けし，把握しようとする営みに，近代的な権力性があることは事実だが，しかし，その仕組みを廃した学知というものも，いまだ想像しがたい．そして「図書館」と「アジア研究」はともに，この仕組みとともに成立，発展し，その問題を内に抱えながら，今に至っているのである．

(3)「アジア」をどう語るのか
──スガタ・ボースが語る「アジアのユニティ」の過去と未来

　アジア研究と図書館とが抱える「オリエンタリズム」性について指摘したが，オリエンタリズムと表裏をなす問題がアジア主義である．近代世界における西洋の覇権に対して，アジアからはアジアの連帯と復興が語られたが，それは時に，新たな帝国主義思想や排外思想と結びつく危険もはらんでいた．ここでは，歴史学者，スガタ・ボース（Sugata Bose）の来日時の講演，"The Idea of Asia: A Perspective from Indian History and Politics" をヒントに，「アジアを語る」難しさと可能性について考えたい．

　この講演は龍谷大学現代インド研究センター（RINDAS）と政策研究大学院大学（GRIPS）共催で 2014 年 6 月 19 日に開かれた特別国際セミナーであった．ボースはハーバード大学教授であり 2014 年から 19 年にかけてはインド下院議員でもあり，またスバース・チャンドラ・ボース（Subhas Chandra Bose, 1897-1945）の大甥としても知られる人物である．ここで彼は，アジアとそのユニティの概念の過去と未来を，インドのユニティの概念と関わらせ

つつ語った．ラビーンドラナート・タゴール（Rabindranath Tagore, 1861-1941），ジャマールッディーン・アフガーニー（Jamal al-Din Afghani, 1839-1897），梁啓超（1873-1929），岡倉天心（1863-1913），シスター・ニヴェーディター（Sister Nivedita, 1867-1911），ナンダラール・ボース（Nandalal Bose, 1882-1966），アバニーンドラナート・タゴール（Abanindranath Tagore, 1871-1951），そしてスバース・チャンドラ・ボースらを例に，「アジアは一つ」と語る言説の系譜を語ったのち，その二面性が指摘され，議論された．この言説が，西洋帝国主義の覇権のもとに苦しむアジアの連帯と解放に役立つ反面，新たな帝国主義や排外主義にも用い得たということだ．講演後の議論では前者が Generous Universalism（寛大な普遍主義），後者が Arrogant Imperialism（傲慢な帝国主義）と表現された．そしてこの問題が，民族，言語，宗教，階層等のさまざまな分断を抱える巨大国家，インドとインド民主主義が抱える「多様性の中の統一」の課題と呼応していることも指摘された．インドにおいては，差違をこえて統合を実現せんとする連邦の統合の理念と，その中で抑圧されがちな多様な差違やマイノリティの権利の尊重とをいかに両立するかが，常に問題になっている．この構造の共通性が指摘されたのだった．

　アジア主義とインドの結びつきは構造的な類似にとどまるものではない．「アジアはひとつ」の理念の一つの出所は，岡倉天心の『東洋の理想 The Ideals of the East』（1903［1902］）の "Asia is One"（アジアは一つ）のことばにあるとされるが，それは天心のインド訪問に大きく影響されて成り立ったものである．天心は1901-02 年にインドを訪問し，タゴール，ヴィヴェーカーナンダ（Swami Vivekananda）らと交流し，その後 1902 年に『東洋の目覚

め The Awakening of the East』と『東洋の理想』を執筆した．
シスター・ニヴェーディターが書いた『東洋の理想』序文は，
「……岡倉氏のごとく，アジアを，われわれが想像していたよう
な地理的断片の寄せ集めとしてではなく，おのおのの部分が他の
すべての部分に依存し，全体が単一の複合的生命を息づいている
一つの統一された生ける有機体として示すことは，この上なく価
値のあることであります」と述べている（岡倉 1986: 14）．単なる
地理的な区切りをこえた，アジアなるものの主張である．「アジ
アは一つ」の言説が他ならぬインドを舞台に成り立った背景には，
イギリス統治下のインドの危機感と独立実現への動き，アドヴァ
イタ・ヴェーダーンタの不二一元論の存在感の高まりなどがあり，
天心はその空気に強く影響されたものと想像される（稲賀 2004）．
そしてここで重視すべきは，統合を語る「アジア」が，インドが
まさに典型的にそうであるように，そもそも圧倒的に多様である
という事実と認識である．『東洋の理想』の英語タイトルは The
Ideals of the East であり，しばしば指摘されるように，その「理
想」は複数形である．つまり，「アジアは一つ」「インドは一つ」
という言説の根本には，それが一枚岩ではあり得ない，無限の多
様性を抱える世界であるとの大前提があって，あくまでその多様
性の上で，インドおよびアジアのユニティを語るという課題が示
されていると考えられる．そう考えると，アジア主義には，単な
る西洋中心主義・帝国主義へのアンチテーゼおよびその反転とい
う以上の意味がありえたことがわかる．

　19 世紀末から 20 世紀前半には，さまざまなアジアの連帯の試
みと挫折が続くが，同時に，東西をこえた世界規模の統合を目指
す国際連盟のような試みも十分な実効性を持ち得ず，その問題は

戦後の国際連合にも引き継がれていくこととなる。さまざまな差違により分断されてしまう人間社会が，何らかの普遍性を獲得しようとして繰り返してきた試みが，別の排外主義に転じたり，実効性のないスローガンに終わりがちであったことは認めざるを得ないだろう。しかしその中で，アジア主義や，国境をこえてカリフ制度の存続を求めようとしたヒラーファト運動におけるムスリムの連帯など，ボースの表現を用いれば「限定的なユニヴァーサリズム」が，一定の統合の成果を出したことが注目される。全人類規模のユニヴァーサリズムの具体化が難しいのに対し，これらの試みは，全人類規模ではないにせよ，国家や民族などの既存の固い枠組みとは異なる新たな連帯の可能性を示し，限定的であるからこそ，固定的な枠を変動・伸び縮みさせる効果を示しえたと考えられるのである。ボースは，こういったアジアをめぐる「限定的なユニヴァーサリズム」は，今も，特に芸術や思想の中で力を示していると指摘する。固定的に自他を区別するのではない，多様に変動し伸び縮みする「アジア」概念が持ち得た限定的ユニヴァーサリズムの力は，今も期待できるのではないかということだ[12]。そしてここには今後の「アジア研究」の大きなヒントがあるように思われるのである。

4. アジア研究と図書分類
——新しい図書館の課題と希望を考える

　以上に，アジア研究図書館独自分類策定の過程で明らかになったさまざまな問題，アジア研究と図書分類を支える近代的な学問枠組みの共通性，そして，オリエンタリズムやアジア主義の問題

と不可分な「アジア」概念の持つ意味について見てきた．そこからは，図書分類と「アジア」概念に，共通の問題と可能性があることが見て取れる．どちらもそもそもは，何かを排他的に切り出し特定するシステムとして成立し機能してきたが，その蓄積の上に，より柔軟に，動的に用いられないか，それが今問われているのである．

(1) 新時代の分類の可能性

すでに見たように，NDC などの図書分類は本来，書架上に書籍の位置づけを確定することを第一の役割とする，「ものの分類」としての性質を強く持つ．もちろん，「観念の分類」である書誌分類上はそれを複数用いることも可能だが，本来的には，排他的に一つの分類の枠組みに収めることが基本機能であると考えられる．しかし自動書庫ではこの「書架分類」機能は不要である．そのため，自動書庫が普及し書籍の全文データ化も進む今後は，図書分類はもう不要ではないかとの声さえある．しかしおそらく，新時代の図書館で，図書分類は不要になるのではなく，「本を並べる必要がない」環境だからこその，新たな意味を持つ可能性があると思われる．

自動書庫についてはさまざまな不安が語られてきたが，例えば本が紛失して二度と発見できなくなるのではといった懸念については，実は開架に比べても紛失は少ないともいわれている．むしろ大きな問題は，書架に並ぶ本を自由に眺め歩き，時に手に取って中を覗いて「ブラウズ」するという行為ができないことである．OPAC の普及により，まずデータで本を探し，それを取り出しに行く形の図書館利用が圧倒的に増えてはいるが，それでもやはり，

実際に本を手に取り眺め，周辺に並ぶ本を含めて書架をブラウジングする経験の重要性を感じる者は多い．自動書庫ではこれはどうあっても成り立たず，それは自動書庫の大きなデメリットに違いない．しかし，これを裏返すとまったく別の状況も見えてくる．「これまでの図書館」では，必ず何らかの配架の論理，図書分類を用いて，それに基づいて本を並べてきた．しかし，自動書庫では普通，本はランダムにコンテナに収納され，IDによって出し入れされるため，本を何かの論理で並べることがない．本という「もの」を実際に並べることを前提にしない以上，そのブラックボックスの中身を「観念」的に把握するにあたっては——理念上は——どのような並びも無限に選びうるということになる．出版年順でも，著者名順でも，タイトル順でも，分類順でも，分類の補助番号を優先させても，それらを複合してでも，とにかく自由に「並べ替え」できる，はずである．これまでの図書分類にはものの分類と観念の分類の二層のずれがあることを指摘したが，ものの分類が不要になることで，その問題が消える可能性がある．つまり，本を自動書庫に入れてデジタルデータ上でバーチャルにブラウズするなら，分類にはもう排他性はいらず，無限に多元化できると，少なくとも理念上は，考えられるのだ．

　もちろん，現時点でそのような多元的なデジタルブラウジングの仕組みは成り立っていない．ただ，実はOPACにはすでにこれにやや近い機能があるともいえる．OPACの利用にあたっては，簡易検索窓にいくつかのキーワードを入れて検索結果を得る例が多いと思われるが，詳細検索を用いれば，さまざまな情報区分を組み合わせて，自分が求める条件に即した資料情報を取り出して「並べる」ことができる．タイトル，著者，言語，出版年，出版

地，書誌分類，所蔵先等々，書籍が持つ多面的な情報を適宜組み合わせて用いることができる．その書籍の内容，主題を示しうる項目は必ずしも多くはないが，それでも一つの書籍を複数の側面に分析・記述した情報を複合して検索することがある程度可能だ．

　そして，図書分類にも，排他的に住所を与えるのとは異なり，「一つの書籍を複数の側面に分析・記述した情報を複合」するアプローチのものがある．ツリー構造の中に主題の住所を定め，各書籍の主題をそのどこかにあてはめて分類していく NDC や DDC は，しばしば列挙型分類法，あるいは階層構造分類などと呼ばれるが，これに対し，インドの S. R. ランガナータン（S. R. Ranga-nathan）が 1933 年に考案したコロン分類法のように，主題を複数の「断 面（ファセット）」に分け，それぞれの分類を合成することで分類する分類法である．コロン分類法の場合，基本的な主題を例えば「形式」「素材」「言語」「時代」などの異なる区分特性に応じたそれぞれの分類（クラス）で分析的に分類し，それを決まった方法，順で合成することで資料を分類，表記するという．ツリー内に住所を与えるのとは異なる，このような分析的・合成的な分類法をファセット分類法，あるいは分析合成型分類法という[13]．実際は，NDC も，また特に DDC も，完全に十進法の階層に全主題を列挙しているわけではなく合成的な手法を取り入れているのだが，少なくとも原理的には，異なる二つの発想があるといえよう．分析合成型の論理と，十進分類法を含む図書分類の「ファセット化」の動きについては 7 章の山本昭論文「分類の広がり──分類法の国際化と地域化，多階層化，多目的化の展望」に詳しいため，そちらを参照されたい．ここでは仮に，図書館情報学に通じていない筆者の素朴な理解を示せば，階層的な「列挙型」の論理がコンピュータ

ー上でファイルをツリー状のフォルダに分けて保存管理するのに似ているのに対し，合成的な「ファセット型」の論理は，例えばEvernote（エバーノート）などのアプリでノートにその種類，業務内容，場所，時間，関係する人，重要度などの多様な断面で自由にタグを付け，そのタグの組み合わせで必要に応じてノートを並び替え取り出すのに近いようにイメージしている．どちらがよいかは目的次第，運用状況次第であろうが，前者の発想は，より具体的に「本を並べる」必要性と結びついていたように感じる．

しかし，今後自動書庫が普及し，本を実際に書架に並べる必要がなくなるなら，列挙型分類法の排他性の意義はやや減じるかもしれず，むしろ，列挙型とファセット型の双方の論理を好きに運用できるシステムこそが求められるようになる可能性がある．ファセット分類の典型とされるコロン分類法は，運用が難しいためか，今もインドで一部用いられているほかは，ほとんど利用されなくなっているが[14]，一方で本来ツリー型の構造を持つ十進分類法のファセット化が進んできたことは，第7章の山本論文に詳しく論じられている通りである．そして，書誌情報が電子化されており，利用者によるタグ付けなども可能になってきた現在，さらに新たなかたちでの「ファセット分類」の実現も夢想される．NACSIS-CATなどの総合目録上の書誌情報は厳密な入力規則の上に登録されており，簡単に追加，変更できるものではない．しかし今後，その情報を用いつつ，外部に，多様なタグや独自分類を追加し，それを組み合わせたブラウジングシステムをつくることができれば，使う人の数だけ，自由な配架の図書館がバーチャルに成り立つことが考えられるのである．

⑵ デジタルブラウジングと図書分類

　書籍の全体数が増え続けるなか，自動書庫が普及すれば，当然「デジタルブラウジング」の求めが高まってくるはずだ．残念ながら，筆者の知る限り，まだそれほどに画期的なシステムは成り立っていないが，その中で一つの優れた例が，やはり自動書庫を持つノースカロライナ大学図書館の OPAC（https://www.lib.ncsu.edu/）の Browse Shelf 機能である．この OPAC で何らかの書籍の資料情報を開くと，Call Number の下に "Browse Shelf" というメニューが現れる．これをクリックすると，その書籍を中心に，近似資料の表紙の書影が並んだ画面が出てくる．1 画面あたり 16 冊の書影が表示されるが，よくある類似資料表示と違うのは，当初表示される 16 件にとどまらず，そこからさらに前画面や次画面へと，書架を眺めるように，本の並びをどこまでも追って眺めていくことができることだ．そこで気になった書影をクリックするとその資料情報に飛ぶ．書影のないものもあって，標題紙画像で代替されていたり，それもなければ本型の四角形の中にただタイトルが記されるのみであるが，それでもこれで，書架上の本の並びをブラウジングしている感覚を味わうことができる．これは実は請求記号順に表紙画像を並べているのみで，それ以外の並びを選ぶことはできない．現在の一般的な OPAC で，ある資料の書誌分類をクリックすれば，同じ書誌分類の資料情報が並ぶので，実はそれとやっていることはそれほど違わないのだが，それでも表紙の画像が並び，その並びが実際の書架同様，次の分類へ次の分類へと続いていくことで，まったく違う感覚を得ることができる．先ほど OPAC はある程度バーチャルな本の並び替えをして見せてくると指摘したが，それはある条件で切り出した一定量の

資料の情報を一定の条件で並べるだけだ．その点，この Browse Shelf 機能では，実際の図書館の本棚のように横へ横へとどこまでもブラウズし続けることができる．ここには，自動書庫とデジタルの時代の新しい図書へのアクセスの可能性の一端が示されているように思われる．デジタル化された図書情報を用いて，配架の必要のない図書館の本を「並べ」，図書という「もの」に触れる感覚を再現する，矛盾とも思えるプロセスが求められ，実現されているのだ．

　今後はさらに，この並びを自由に多元化できるような展開が望まれるが，それはまだしばらく先のことであろう．では，東京大学アジア研究図書館が今後の「デジタルブラウジング」の可能性を考える場合，何を重視し，何を担保しておく必要があるだろうか．ここで再び注目されるのが図書分類である．アジア研究図書館に期待通り 36 万冊超の書籍が集まるとしたら，30 万冊ほどは自動書庫に収まるものと考えられ，すでに述べたように，そのほとんどには，新たな独自分類をふることはできない．つまりノースカロライナ大学のように，請求記号で並べるという方法はとれないことになる．これらの書籍をブラックボックスの中から見つけ出すツールは，今は OPAC，将来的にはなんらかのデジタルブラウジングシステムか，ということになろうが，そこで使える情報を考えたとき，既存の書誌のうち，資料の内容を知る直接の材料となる情報は，タイトル，著者，入力されていれば内容注記や件名のほかは，やはり分類である．しかし書誌上の分類の種類はまちまちで，複数ついているものもあれば，残念ながらついていないものも数多い．このばらつきのある情報を用いて，自動書庫にある本を漏れなくブラウジングし，バーチャルに並べ替える

仕組みがつくれないか．ここで期待されるのが，異なる書誌分類の串刺し的紐づけと，書誌の外に，比較的自由に情報を付加して検索に用いる仕組みづくりである．

　既存の書誌には，ばらつきはあるものの，一定の資料情報がある．その中の特に書誌分類と，これまでの所蔵先での請求記号の少なくとも一部には，論理は異なるにせよ，分類情報が含まれている．それらをアジア研究図書館分類と紐づけて，ごくゆるやかに近似資料を見いだし並べることは，さほど遠くない将来に十分実現しうるものと期待できよう．もちろん，NDC と DDC の間でさえ，分類の正確な記号変換は今なおできていないが，アジア研究図書館分類を軸によりゆるやかに近い分類を寄せて近似資料として「並べる」程度のことならば，実現可能性はあるものと思われる．ただしそのためには，アジア研究図書館分類が紐づけのしやすいものである必要があり，特殊性の高い，あるいは詳細にすぎる分類は向かない．策定された分類は，この点で大きな無理のない分類に仕上がっているものと考えている．

　また，ノースカロライナ大学の例のようにデジタルブラウジングを OPAC に組み込めれば便利ではあるが，OPAC の改変は大きなコストを伴う．それよりも，あえて OPAC から独立させ，OPAC が引く書誌情報と，それとは別に，あとからタグ的に付加していくことの可能な情報とを合わせて用いるブラウジングシステムをつくることができれば，例えば分類を与えない 30 万冊について，登録を終え，利用が開始されたあとから，遡及的に分類を追加していくことも考えられよう．特に大量の寄贈資料などは，そもそも一定のテーマ的まとまりがあることや，処理量が多く作業が追いつかないことなどから，分類を与えずに○○文庫と

してその中でただ通し番号をふって登録・管理する案があるが，するとブラウジングの根拠となる情報は薄くなる．しかし，書誌の外に情報を付加して利用する仕組みが成り立てば，まずは分類無しで登録して利用可能にしてしまい，後から分類やタグを足して情報を豊かにしていくこともできる．この発想に具体的な可能性を提示してくれたのが，国際基督教大学図書館の黒澤公人氏である．本書第5章の同氏の論文「自動書庫の運用——請求記号によらず機械が所在を管理する」の7節「OPAC機能を利用した仮想図書館の構築案について」でも触れられているが，資料種や利用者に適した検索キーワード一覧や，より複雑なら，図書館システムから必要なデータを取り出し検索論理を構築したものを用意し，その検索結果をただOPACにリンクすれば，便利で柔軟な「仮想図書館」が実現できるとの指摘を受けた時には，目からうろこの思いであった．

　このように，新しい図書館の図書情報と図書利用には新しい可能性がさまざまに考えられるが，その中で図書分類は，今までとはやや異なる，しかし大きな役割を果たす可能性があると思われる．OPACは一定のブラウジング機能をすでに持っているともいえるが，そこに足りないのが，可視化と全体把握の力である．現在のOPACは，ある程度見通しのある一冊の情報を取り出すには便利な仕組みであるが，ある蔵書の全体像を把握し，そこから興味を絞り，また拡げていく上では，必ずしも優れた仕組みではない．例えばプリンストン大学東アジア図書館の漢籍は，OPACでももちろん検索できるが，それとは別に漢籍カタログ（Chinese Rare Books Catalog）が提供されている（http://gest.princeton.edu/rarebook.htm）．これはタイトル，著者名，四部分類のどれかによ

ってツリー状に表示することのできる仕組みで，そこに検索システムとソートの機能などが加わっているが，第一の機能は，もれなくすべてを一定の論理，特に四部分類の論理に従って並べて総覧できることにあると思われる．4章の永田知之論文「漢籍分類の変遷——近代日本における四部分類への「回帰」」に，近代の出版，学問，図書館の体系の変化の中で，日本に四部分類が「回帰」した経緯が論じられているが，現在，全体としてはLCCへの統一の動きが進んでいるプリンストン大学において，四部分類に基づいて漢籍コレクションの全体像を把握できることに大きなメリットが認められていることは興味深い．これは現在のOPACではうまく再現できない機能といえる[15]．こういった例からは，今なお，あるいは今だからこそ，なんらかの論理による「分類」が，大量の資料情報の全体を可視化し把握していく上で力を発揮する可能性が見て取れるように思われる．図書分類が大きなデータを読み取り分析し把握する上で役立つ可能性は，6章の増田勝也・美馬秀樹論文「自動分類の応用可能性——大学カリキュラムの可視化・比較へのNDCの活用実験」にも示されている．自動書庫が増え，デジタル化が進み全文検索の可能性も増し，図書分類は不要だとの声さえある，そのような時代にこそ，分類には新たな役割と可能性が見いだせるように思うのである．

⑶ アジアと分類を，むすび，ひらけるか

　以上，東京大学アジア研究図書館計画の大きな課題である，「アジア」概念と「分類」の問題が，同じ根を持つ問題であり，どちらも，排他的・固定的に何かを切り出し区分し整理する役割を果たしてきたが，その歴史と蓄積の上で今新たに，より可変的

で横断的なものへの変化が求められていることを見てきた．排他的分類に発した図書分類には今，より横断的・ファセット的な機能の拡張が期待されつつある．そして，「西洋でない他者」，あるいは「西洋に抗する我々」の名であった「アジア」「オリエント」という語彙もまた，より多元的で流動的な広がりのある，伸縮性のあるものになっていくことが期待されている．「分類」と「アジア」の双方を，むすび，ひらいていくことこそが，アジア研究図書館計画の根本的課題と思われるのである．

註

1) デジタル化は現在の図書館の大きな課題である．資料のデジタル化に焦点があたることが多いが，本章で述べるデジタル・ブラウジングの検討も，今後一層重要になるものと思われる．この二つの方向は別個に存在するものではなく，根本には資料をいかに可視化し，広くアクセス可能にしていくかという課題があるといえよう．なお U-PARL 周辺の資料デジタル化への取り組みについては例えば以下を参照（中村ほか 2018；冨澤ほか 2018）．

2) この問題への対応として，旧分類情報を東京大学附属図書館のローカル書誌情報に残し検索可能にすることも検討されているが，制度的・技術的課題も多く，見通しは明らかになっていない．

3) 本シンポジウムの情報は以下を参照（U-PARL 2015；東大 TV 2016）．

4) 1784 年の創立時から 1825 年までは "Asiatick" と k を含む綴りであった．

5) 実際は彼にわずかに先んじて，東インド会社のライターとして赴任していたチャールズ・ウィルキンス（Charles Wilkins, 1749-1836）が習得していたが，ジョーンズの場合，すでに東洋学者としての評価があり，古典文献学の手法をもってサンスクリット文献を扱えるとみなされることから，漠とした東洋の一地域の知識に「学問」の体裁を与えることが可能であったと考えられる．

6) この訳文は以下のものに基づき一部改変している（風間 1978: 13-14）．

7) この計画書の訳文は以下のものに基づき一部改変している（安川 1991: 23-24）．なお，⑮の Defteri Alemghiri は，アウラングゼーブ帝のファトワー集を指すものと推測される．

8) この後に続く聖書的世界観との摺り合わせへの関心も大きな特徴であるが，これについては以下を参照（冨澤 2009）．

9) 「U-PARL とは」『U-PARL ホームページ』http://u-parl.lib.u-tokyo.ac.jp/ja/about-ja（参照 2018-12-10）

10) その分類の内実は必ずしもベーコンのそれと一致はしておらず，ヘーゲルの影響も大きいことが指摘されているが，ハリス自身はベーコンの影響を明言している（Sales & Pires 2017: 56）.

11) ただしシャムーリンは，デューイの分類とハリスの分類について，「作者［デューイ］も認めているとおり，『十進分類法』は，……基本類別の配列ではハリスの分類が採用していたものにしたがっていた．この類似は，図書館学の文献で再三指摘されているが，実のところ，形式上の性質は似ていたものの，依存の度合いはさして大きくはなかった」と指摘している（シャムーリン 2007［1959］: 217）.

12) この議論は，このセミナーの2年後の2016年6月7日に，同じく龍谷大学現代インド研究センター（RINDAS）と政策研究大学院大学（GRIPS）共催で開かれた2016年度RINDAS第1回国際セミナーでのボース氏の講演 "Asia after Europe: Decline and Rise of a Continent" と，同氏とともに "Islam is the Ocean: Muslim Universalism in the Age of European Empire" の共同プロジェクトを進めているタフツ大学のアイーシャ・ジャラール（Ayesha Jalal）氏の講演 "Islam is the Ocean: Muslim Universalism and European Imperialism" でも深められた．両氏の議論については例えば以下を参照（Bose 2017；Bose & Jalal 2018［1998］；Bose 2006；Bose & Manjapra 2010）.

13) 図書分類は階層的な列挙型分類法とファセット的な分析合成型分類法に大別されることが多いが，緑川信之は，これは分類の構造と表示の論理を混同しているとして，階層構造と多次元構造という区分を提唱し，「構造という面からみれば階層構造分類法と多次元構造分類法に区分でき，表示方法という面からみれば列挙表示の分類法と合成表示の分類法に区できる」と指摘している（緑川 2014）．第7章の山本昭論文も参照されたい.

14) 例えばインド，デリーのネルー・メモリアル・ミュージアム・アンド・ライブラリーの図書館の写真部門ではコロン分類法を利用しており，司書の方は「これほど合理的な仕組みはない，もっと利用されてしかるべきだと思う」と語っていた.

15) プリンストン大学東アジア図書館の漢籍カタログの意義については，同館のマーティン・ヘイドラ（Martin Heijdra）館長の2016年6月の来日時の懇談でご教示いただいた.

参照文献

稲賀繁美 2004：「岡倉天心とインド——越境する近代国民意識と汎アジア・イデオロギーの帰趨」『日語日文學』24: 13-30.

岡倉天心 1986［1903］：『東洋の理想』講談社学術文庫.

風間喜代三 1978：『言語学の誕生——比較言語学小史』岩波新書.

サイード，E. W. 1993［1978］：『オリエンタリズム』（上・下）板垣雄三・杉田英明監修，今沢紀子訳，平凡社.

シャムーリン，エヴゲーニー，2007［1959］：『図書館分類＝書誌分類の歴史　第

2巻』藤野幸雄・宮島太郎（訳），金沢文圃閣.

東大 TV 2016：「2014 年度「U-PARL シンポジウム「むすび，ひらくアジア」」」『東大テレビ——東大 TV』 http://todai.tv/contents-list/2014FY/uparl-asia（参照 2018-10-30）

冨澤かな 2009：「「オリエンタリスト」のインド観に見る宗教と宗教史への視座」市川裕・松村一男・渡辺和子（編）『宗教史とは何か（下巻）』リトン，327-356.

冨澤かな・木村拓・成田健太郎・永井正勝・中村覚・福島幸宏 2018：「デジタルアーカイブの「裾野のモデル」を求めて——東京大学附属図書館 U-PARL「古典籍 on flickr! ～漢籍・法帖を写真サイトでオープンしてみると～」報告」『情報の科学と技術』68(3), 129-134.

中村覚・成田健太郎・永井正勝・冨澤かな 2018：「U-PARL における漢籍・碑帖拓本デジタルアーカイブの試作と研究利用」『研究報告人文科学とコンピュータ（CH）』2018-CH-116(5), 1-8.

ベーコン，フランシス 1974：『学問の進歩』服部英次郎・多田英次（訳），岩波文庫.

緑川信之 2014：「構造 - 表示方法説から見たランガナータンとヴィッカリーのファセット概念」『Library & Information Science』71, 1-25.

安川隆司 1991：「リベラリズムとオリエンタリズム——ウィリアム・ジョーンズの政治思想とインド論」『一橋大学社会科学古典資料センター Study Series』24, 1-37.

U-PARL 2015：「第 1 回 U-PARL シンポジウム「むすび，ひらくアジア：アジア研究図書館の構築に向けて」開催のお知らせ」『東京大学附属図書館アジア研究図書館上廣倫理財団寄付研究部門（U-PARL）』http://u-parl.lib.u-tokyo.ac.jp/archives/japanese/sympo2014（参照 2018-10-30）

Bose, S. 2006: *A Hundred Horizons: the Indian Ocean in the Age of Global Empire*. Cambridge: Harvard University Press.

Bose, S. 2017: *The Nation as Mother and Other Visions of Nationhood*. Gurgaon: Penguin Books India.

Bose, S. & A. Jalal 2018 [1998]: *Modern South Asia: History, Culture, Political Economy*. 4th edition. Abingdon: Routledge.

Bose, S. & K. Manjapra 2010: *Cosmopolitan Thought Zones: South Asia and the Global Circulation of Ideas*. New York: Palgrave Macmillan.

Jones, W. 1970: *The Letters of Sir William Jones*, ed. by Garland Cannon, 2vols., Oxford: Clarendon Press.

Jones, W. 1993: *The Collected Works of Sir William Jones*, ed. by Garland Cannon, 13 vols., New York: New York University Press.

Sales, R. de. & T. B. Pires 2017: "The Classification of Harris: Influences of Bacon and Hegel in the Universe of Library Classification", *NASKO*, 6, 56-66.

第3章　アジア研究のための書架分類
——アジア研究図書館分類法の成り立ちと思想

東京大学附属図書館アジア研究図書館
上廣倫理財団寄付研究部門（U-PARL）

1. 総　　説

⑴　アジア資料を分類するための新たな分類法の必要性

　本書ですでに触れられている通り，アジア研究図書館に集められる資料は，東アジアから西アジアにいたる広い地域を対象とし，世界の様々な言語で書かれている．

　これらの資料のうち約5万冊は開架フロアに置かれる．利用者が資料を直接手に取って見ることのできる開架フロアに，資料をどのように配架するかということは，図書館の使い勝手を大きく左右する重要な課題である．

　無論，コンピュータでの蔵書検索が当たり前となった今日において，モノとしての図書をどのように並べるかなどということは，さしたる問題ではないと言うこともできる．しかし，すべての資料が出納式の閉架書庫や自動書庫に収められるのであればともかく，図書館の顔でもある開架フロアにおいては，利用者が自然に，よりスムーズに目的の資料にたどり着けるような書架分類の工夫も必要である．

　日本の公共図書館においては，日本十進分類法（NDC）による書架分類が広く行われている．これはひと言で言えば図書の主題

を数字の組み合わせからなる記号によって表し，この数字の順序によって配列するものである．NDC は 3 桁の数字を基調とし，数字以外の文字や記号を用いないため，その並び順は子どもや外国人にとっても分かりやすく，あらゆる人が簡単に図書を並べたり見つけたりすることができるという利点をもっている．

　しかし，様々な外国語資料を所蔵する大学や研究機関の図書館では，主題分類だけでなく，資料の記述に用いられている言語や，資料が対象とする地域による分類が用いられることも珍しくない．主題，地域，言語，これらのうちのどれを用いるか，またこれらを組み合わせて用いる場合にはどのような順で階層化するかによって，書架のイメージはまったく別のものになりうる．

　例えば，NDC やそのモデルとなったデューイ十進分類法（DDC）などを用いて，資料をその主題によって分類した場合には，専門分野や対象を同じくする各国語資料が一箇所にまとまることになる．これは同じテーマで複数の地域の比較を行ったり，同じ資料の原典と外国語による翻訳や研究をまとめて参照したりする際に便利である．あるいは，資料をその本文の言語によって分類した場合，自分が読むことのできる言語の資料だけを一覧するのに適している．また，資料が扱う地域によって分類する方法は，複数の言語を用い，複数のディシプリンによって対象地域を明らかにしようとする地域研究に適していると言える．

　日本の主要な大学図書館，研究図書館のうちで，アジア地域の資料を多く扱う館の請求記号体系をみると，東京外国語大学附属図書館では，まず言語で分類し，次に主題で分類している一方，同大学のアジア・アフリカ言語文化研究所の蔵書は，まず地域で分類している．また，アジア資料を多く所蔵するジェトロ・アジ

ア経済研究所図書館では，以前は言語による分類を行っていたが，1998 年 10 月の受入を境に，地域による分類へ移行している[1]．

　分類法自体の利点や欠点も重要なファクターであるが，学内の様々な図書館・室から資料を集めることを前提とした東京大学のアジア研究図書館の蔵書に関して言えば，分類作業が容易であるかどうかということも重要である．東京大学には 30 もの図書館・室が存在し，それぞれが異なる請求記号体系によって分類されていたり，あるいはまったく分類されていなかったりする．これらの一部をアジア研究図書館に移管し，短期間で利用可能な状態にするためには，既存の請求記号からの置き換えが容易であるかどうかについても考慮する必要がある．

　アジア研究図書館の開館後の運営形態については，現時点では未確定な部分が残されているが，大学図書館の常として，外国語資料の分類作業に習熟した作業者を常に確保できるとは限らない．外国語資料の整理は短期雇用の学生アルバイトが担うことが多く，そのノウハウが蓄積・継承されないことが問題視されている昨今の状況に鑑みて，分類作業は極力ハードルの低いものにする必要がある．

　以上のような事情や条件を念頭に置いて，アジア研究図書館に相応しい分類を設定するため，〈主題〉，〈地域〉，〈言語〉のどの分類をどのように用いるか，という点を慎重に考える必要があった．次項ではこの点について説明する．以下，括弧つきで〈主題〉，〈地域〉，〈言語〉というときは，それぞれ分類論理としての〈資料の主題〉，〈資料が対象とする地域〉，〈資料の記述に用いられている言語〉を指すこととする．

⑵ 〈地域〉＞〈言語〉＞〈主題〉による分類の利点

　2013 年に学生や教員に聴取を行った結果，資料を〈地域〉で分類することを望む意見が多かったことから，アジア研究図書館では，〈地域〉を第一の分類論理とすることを決定した．アジア研究図書館の資料である以上，アジアのいずれかの地域を対象とするか，少なくともどこかの地域に関連した資料が多くを占めることは想像に難くない．無論，純粋に理論的な考察や方法に関する資料——例えば，「社会科学の方法」といった主題をもつ図書——も，アジア研究においては重要であり，開架フロアに置かれる可能性はある．とはいえ，その数は何らかの地域を対象とする資料に比べれば少ないと見込まれる．

　繰り返しになるが，念のため強調するならば，ここでいう〈地域〉とは，資料が研究対象として，あるいはケーススタディーの場として記述する地域のことであって，その資料の生み出された地域（≒出版地）とは必ずしも重ならない．フィリピンで出版されたモンゴル史の資料は，当然ながらモンゴル関係資料とみなされる．

　〈地域〉によって分類された資料は，次に〈言語〉によって分けられる．地域研究者が自身の研究対象地域に関する文献を探す際には，よほどかけ離れた地域の言葉で書かれたもの以外は，必要に応じて参照することを厭わないだろう．とはいえ，縦書きの日本語や中国語に，横書きのラテン文字，キリル文字，右から左へ読むアラビア文字，そして独自の文字体系をもつビルマ語やジョージア語の背表紙が入り混じった書架は，目視でブラウジングするときに効率が悪い．これらを〈言語〉によって配列することで，同じ〈地域〉の中でも自分の必要とする言語の資料を一覧す

ることができる.

　しかし,〈言語〉の記号体系を考案することは容易ではない.
図書館の目録作成に用いられる *MARC21 Code List for Languages*[2] や,それに準ずる NACSIS-CAT の言語コード[3] は,基本的に言語の英語名を基に作られた3文字のアルファベットであり,これをアルファベット順に配列した場合,言語系統上の関連や,それが用いられる地域の位置関係は反映されない.例えば言語的にはほぼ同じであるオスマントルコ語(ota)と現代トルコ語(tur)の間に,スペイン語(spa)やスウェーデン語(swe)といったヨーロッパの言語や,スワヒリ語(swa)のようなアフリカの言語が入ってしまうといった具合である.

　他の一般的な言語コードも同様で,そもそも書架配列のための記号ではないため,言語を論理的に,あるいは自然に配列するためには,様々な工夫が必要であり,実際に独自の言語記号を考案して用いている図書館も存在する.しかし,その場合,地上に存在する数千もの言語をどのようなロジックによって並べるべきだろうか.地理的な配列や言語系統的な配列を用いるにせよ,そこには様々な学説や論争があり,統一的な見解を生み出すことは容易ではあるまい.

　さらに,中国研究における中国語,イスラーム研究におけるアラビア語,中央アジア研究におけるロシア語のように,〈地域〉や〈主題〉によって,重要性の高い言語が異なり,偏りが生じることが容易に想像される.

　そこで,各地域区分において重要な〈言語〉が,緩やかにであれ自然に並ぶよう,言語分類は基本的に,和書(記号 J),洋書(記号 W),アジア地域の諸言語およびその他の言語(記号 X)の3

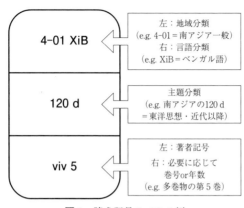

4-01 XiB	←	左：地域分類 （e.g. 4-01＝南アジア一般） 右：言語分類 （e.g. XiB＝ベンガル語）
120 d	←	主題分類 （e.g. 南アジアの120 d ＝東洋思想・近代以降）
viv 5	←	左：著者記号 右：必要に応じて 巻号or年数 （e.g. 多巻物の第5巻）

図1　請求記号ラベルの例

区分を基本とし，地域区分によっては必要に応じて細分することとした．そうすれば，どの地域区分においても，日本語資料，欧文資料，当該地域における重要性の高い言語で書かれた資料，という

順に図書が並ぶであろう．なお，ここで「洋書」とは，東洋学やアジア研究において用いられてきた主な言語を指し，具体的には英語，フランス語，ドイツ語，オランダ語，ロシア語，イタリア語，スペイン語，ポルトガル語，ラテン語，ギリシア語がそれにあたる．

〈地域〉，〈言語〉で分けられた資料は，さらに〈主題〉によって分類される．後述するように，主題分類は日本十進分類法新訂9版（NDC9）の第2次区分表（綱目表）00〜99を基本とする．しかし，例えば「190 キリスト教」に対する「199 ユダヤ教」のように，下位区分ではないにもかかわらず記号の数が足りないために隣接区分の下位になっている項目（不均衡項目）や，「16 宗教」のように，第3次区分までを適用して細分することが望ましいものがあるため，第3次区分表（要目表）に合わせ，3桁の数字を用いる．

図書の背に貼られるラベルは3段からなっている．1段目には，

分類1　地域分類

大区分記号	地域（大区分）	記号	地域小区分
1	アジア	1-01	アジア・世界
		1-02	日本
		1-91	一般・その他
2	東アジア	2-01	東アジア一般
		2-02	韓国朝鮮
		2-03	中国
		2-04	台湾
		2-05	香港・マカオ
		2-91	東アジア　その他
3	東南アジア	3-01	東南アジア一般
		3-02	インドシナ一般
		3-03	ベトナム
		3-04	カンボジア
		3-05	ラオス
		3-06	タイ
		3-07	ミャンマー
		3-08	マレー一般
		3-09	シンガポール
		3-10	マレーシア
		3-11	ブルネイ
		3-12	インドネシア
		3-13	東ティモール
		3-14	フィリピン
		3-91	東南アジア　その他
4	南アジア	4-01	南アジア一般
		4-02	インド
		4-03	パーキスターン
		4-04	バングラデシュ
		4-05	ネパール
		4-06	ブータン
		4-07	スリランカ
		4-08	モルディブ
		4-91	南アジア　その他
5	中央ユーラシア	5	（細分なし）
6	西アジア	6	（細分なし）

分類2　言語分類

・基本の言語区分

地域（大区分）	分類記号	言語
全ての地域対応	J	和書
	W	洋書
	X	アジア諸語他

・各地域の言語分類：上記の基本区分に必要に応じて追加区分を加えたもの

地域（大区分）	分類記号	言語
東アジア，東南アジア	J	和書
	W	洋書
	X	アジア諸語他
	漢	漢籍
南アジア	J	和書
	W	洋書
	XcP	パーリ語
	XcS	サンスクリット語
	XcX	パーリ語以外のプラークリット諸語
	XdT	タミル語
	XdX	その他のドラヴィダ諸語
	XiB	ベンガル語
	XiH	ヒンディー語
	XiU	ウルドゥー語
	XiX	その他の新期インド・アーリア諸語
	XX	その他
中央ユーラシア	J	和書
	W	洋書
	WR	ロシア語
	XB	チベット語
	XM	モンゴル諸語
	XP	ペルシア語
	XT	テュルク諸語
	XX	その他
西アジア	J	和書
	W	洋書
	XA	アラビア語
	XP	ペルシア語
	XT	テュルク諸語
	XX	その他

分類3　主題分類

第1次 区分番号	第1次 区分内容	第3次 区分番号	第3次 区分内容
0	総記	000	総記
		010	図書館. 図書館学
		020	図書. 書誌学
		030	百科事典. 用語索引〈一般〉
		040	一般論文集. 一般講演集. 雑著
		050	逐次刊行物. 一般年鑑
		060	団体. 博物館
		070	ジャーナリズム. 新聞
		080	叢書. 全集. 選集
		090	貴重書. 郷土資料. その他の特別コレクション
1	哲学	100	哲学
		110	哲学各論
		120	東洋思想
		130	西洋哲学
		140	心理学
		150	倫理学. 道徳
		160	宗教
		161	宗教学. 宗教思想
		162	宗教史. 事情
		163	原始宗教. 宗教民族学
		164	神話. 神話学
		165	比較宗教
		166	道教
		167	イスラーム
		168	ヒンドゥー教. スイク教. ジャイナ教. ゾロアスター教. マニ教. ミトラ教
		169	その他の宗教. 新興宗教
		170	神道
		180	仏教
		181	仏教教理. 仏教哲学
		182	仏教史
		183	経典
		184	法話・説教集
		185	寺院. 僧職
		186	仏会
		187	布教. 伝道
		188	各宗
		190	キリスト教
		199	ユダヤ教
2	歴史	200	歴史
		280	伝記
		290	地理. 地誌. 紀行
3	社会科学	300	社会科学
		310	政治
		320	法律
		330	経済
		340	財政
		350	統計
		360	社会
		370	教育
		380	風俗習慣. 民俗学. 民族学
		390	国防. 軍事

120：必要に応じて下記の付加記号で細分
【韓国朝鮮】
120 a　通時代
120 b　918 年以前
120 c　918-1876 年
120 d　1876 年以後
【中国】
120 a　通時代
120 b　907 年以前
120 c　907-1840 年
120 d　1840 年以後
【南アジア】
120 a　ヴェーダ
120 b　ウパニシャッド
120 c　六派哲学
120 d　近代以後

167：必要に応じて下記の付加記号で細分
【中央ユーラシア】【西アジア】
167 a　クルアーン
167 b　ムハンマド
167 c　ハディース
167 d　神学（カラーム）
167 e　スーフィズム
167 f　諸派（シーア派. スンナ派. その他）
167 x　バハーイー教. バーブ教

168：必要に応じて下記の付加記号で細分
【南アジア】
168 a　ヒンドゥー教
168 b　スイク教
168 c　ジャイナ教
168 d　ゾロアスター教. マニ教. ミトラ教

200：必要に応じて下記の付加記号で細分
【韓国朝鮮】
200 a　通時代
200 b　918 年以前
200 c　918-1876 年
200 d　1876 年以後
【中国】
200 a　通時代
200 b　907 年以前
200 c　907-1840 年
200 d　1840 年以後
【南アジア】
200 a　通時代
200 b　12 世紀以前
200 c　13-17 世紀
200 d　18 世紀以後
【中央ユーラシア】
200 a　チベット史
200 b　モンゴル史
200 c　中央アジア史
200 d　その他の地域史
【西アジア】
200 a　通時代
200 b　イスラーム化（7-8 世紀）以前
200 c　イスラーム化（7-8 世紀）-18 世紀
200 d　19 世紀以後

第1次区分番号	第1次区分内容	第3次区分番号	第3次区分内容
4	自然科学	400	自然科学
		410	数学
		420	物理学
		430	化学
		440	天文学, 宇宙科学
		450	地球科学, 地学
		460	生物科学, 一般生物学
		470	植物学
		480	動物学
		490	医学
		499	薬学
5	技術, 工学	500	技術, 工学
		510	建設工学, 土木工学
		520	建築学
		530	機械工学, 原子力工学
		540	電気工学
		550	海洋工学, 船舶工学, 兵器
		560	金属工学, 鉱山工学
		570	化学工業
		580	製造工業
		590	家政学, 生活科学
6	産業	600	産業
		610	農業
		620	園芸, 造園
		630	蚕糸業
		640	畜産業, 獣医学
		650	林業, 狩猟
		660	水産業
		670	商業
		680	運輸, 交通, 観光事業
		690	通信事業
7	芸術, 美術	700	芸術, 美術
		710	彫刻, オブジェ
		720	絵画
		728	書, 書道
		730	版画
		739	印章, 篆刻, 印譜
		740	写真
		749	印刷
		750	工芸
		760	音楽
		769	舞踊, バレエ
		770	演劇
		778	映画
		779	大衆演芸
		780	スポーツ, 体育
		790	諸芸, 娯楽
8	言語	800	言語
9	文学	900	文学

800：必要に応じて下記の付加記号で細分
【韓国朝鮮】
800 a 　韓国朝鮮語一般
800 b 　韓国朝鮮語音声, 音韻
800 c 　韓国朝鮮語文字, 文体, 正書法
800 d 　韓国朝鮮語語彙, 文法, 意味, コミュニケーション
800 e 　韓国朝鮮語言語地理学, 方言, 言語接触
【中国】
800 a 　中国語一般
800 b 　中国語音声, 音韻
800 c 　中国語文字, 文体, 正書法
800 d 　中国語語彙, 文法, 意味, コミュニケーション
800 e 　中国語言語地理学, 方言, 言語接触
800 x 　中国少数言語
【南アジア】
和書, 洋書のみ主題とする言語によって細分する.
800 C 　古期・中期インド・アーリア諸語
800 D 　ドラヴィダ諸語
800 I 　新期インド・アーリア諸語
800 X 　その他の言語
【中央ユーラシア】【西アジア】
和書, 洋書のみ主題とする言語によって細分する.
800 A 　アラビア語
800 B 　チベット語
800 M 　モンゴル語
800 P 　ペルシア語
800 T 　テュルク諸語
800 X 　その他の言語

900：必要に応じて下記の付加記号で細分
【韓国朝鮮】
900 a 　通時代
900 b 　918 年以前
900 c 　918-1876 年
900 d 　1876 年以後
【中国】
900 a 　通時代
900 b 　907 年以前
900 c 　907-1840 年
900 d 　1840 年以後
【南アジア】
900 a 　叙事詩
900 b 　美文学
900 c 　民話, 説話
900 d 　ドラヴィダ文学
900 e 　近現代文学
【中央ユーラシア】【西アジア】
和書, 洋書のみ下記の通り細分する.
900 A 　アラビア語文学
900 B 　チベット語文学
900 M 　モンゴル語諸語文学
900 P 　ペルシア語文学
900 T 　テュルク諸語文学
900 X 　その他の言語による文学

地域分類と言語分類，2段目には主題分類が記入される．3段目には，著者記号と，必要に応じて巻号が記入される（図1）．

以下，〈地域〉，〈言語〉，〈主題〉の各分類について具体的に解説する．

2. 図書の地域分類

(1) 地域区分の概要

アジア研究図書館分類表では，「1 アジア」「2 東アジア」「3 東南アジア」「4 南アジア」「5 中央ユーラシア」「6 西アジア」という6つの大区分を主な分類とし，書架を見渡したときに，書物がアジア大陸の端から端までの知を体現するようになっている．これらのうちで特に説明が必要な大区分は，「1 アジア」と「5 中央ユーラシア」であろう．

アジア研究図書館は，日本以外のアジア地域全域に関連する資料を集めることをそのコンセプトとし，アジアを東アジアから西アジアまでの5つの地域に分けている．日本を除く理由は，総合図書館や駒場図書館との重複を避け，これまでそれらのキャンパス図書館ではあまり扱ってこなかった外国語資料を主に扱うことが念頭に置かれているからである．とはいえ，日本に関する書籍や日本語で書かれた資料がまったく含まれないということではなく，例えば，日本とアジアの関係に関する資料や，アジアにおける日本研究，日本文学作品のアジア各国語訳などは収集対象となる．それゆえ，「アジア」という地域区分には，広域のアジアに関する資料と，日本に関する資料，そして，地域性をもたない普遍的主題や方法論に関する資料の3つを含めることとした．

そのほかの5つの地域区分の中では，中央ユーラシアがもっとも地理的に広域にわたる，境界の分かりにくい区分であろう．そもそも中央ユーラシアとは何か．『中央ユーラシア史研究入門』（山川出版社）によれば，「中央ユーラシア」という呼称を最初に用いたのは，ハンガリー系の文献学者デニス・サイナー（Denis Sinor）である．しかし，彼が念頭に置いていたのは，ウラル・アルタイ系諸民族の居住する地域であった（小松・荒川・岡 2018: 4）．今日，「中央ユーラシア」に関する研究書が想定する地理的範囲には，中央アジア，新疆，モンゴル，チベットのほか，東は中国東北部，西はヴォルガ・ウラル地方やコーカサスまで広がり，イラン東北部やアフガニスタン北部までが含まれる．

　従来の分類法では，モンゴルやチベットを中国の周辺地域（つまり東アジア）としてとらえてきた．NDC9 の地理区分記号を見ると，中国が−22 であるのに対し，「−226 内モンゴル自治区」「−227 外蒙古」「−228 新疆：ウイグル自治区」「−229 チベット」と，互いに近い位置に置いてきた．歴史分野に限って見ると，DDC は，歴史上のモンゴル帝国については広域なアジア史に分類し，中国ともモンゴルとも分けて配置している一方，NDC9 は，モンゴル帝国も中国の内モンゴル自治区と同じ「222.6 蒙古：内モンゴル自治区」に収める，としている．今日の国境の区分に基づいて地域研究を行う人にとっては，この方が自然であり，これらの地域をコーカサスの国々やアフガニスタンとまで合わせて「中央ユーラシア」という一つの〈地域〉に分類するメリットは小さいと思われる．

　中央ユーラシアという広い地域には，言語，エスニシティ，文化のどの面をとっても，一枚岩的な一体性や共通性があるわけで

はない．しかし，その歴史にひとたび目を向けるならば，古代の騎馬遊牧民の時代から，オアシス都市の発展を経て，モンゴル帝国の広がり，イスラームや仏教その他の宗教の広がりと重なりなど，現在の国民国家の枠組みではとらえきれない，人やモノ，文化の交流の歴史があることが分かる．中央ユーラシアという枠組みは，むしろこの地域が歴史的に果たしてきた役割に対し，研究する側が生み出してきた方法的枠組みと言えるだろう[4]．

　こうして，アジアの様々な地域を1から6の地域区分に分類することができた．この地域大区分のうち，中央ユーラシアと西アジアを除く1から4の大区分は，さらに小区分に区分される．次に，その区分原理をアジアから順に解説する．

⑵ 「アジア」の小区分：アジア・世界，日本，一般

　「1 アジア」の大区分は，さらに「1-01 アジア・世界」「1-02 日本」「1-91 一般・その他」に区分される．

1-01 アジア・世界

　ここには，広くアジアを扱う資料や，上記の2から6の複数の大区分にまたがる資料が収められる．例えば，シルクロード史などは，中央ユーラシアだけでなく，東アジア，西アジアにもまたがるため，ここに収められる．東南アジアと南アジアや西アジアとの交易についての資料などもここに収められる．

　また，アジア研究図書館では欧米地域や大洋州地域，サハラ以南のアフリカ地域などを対象とする資料を積極的に受け入れることは予定されていないが，アジアとこれらの地域の関係に関する資料はここに収められる．例えば北米のアジア系移民や，アフリカとアジアとの関係に関する研究，ヨーロッパにおけるアジア言

語の教育といった主題をもつ資料を受け入れる可能性は十分にある．また，アジア関係資料に付随して寄贈される資料の中に，ヨーロッパやロシア，大洋州，アフリカなどを主題とした図書が混ざっていることも考えられる．そのため，1-01 はアジアに限定せず，世界全体を対象とした資料を収めることが可能になっている．

1-02　日本

　先に述べたように，アジア研究図書館では，日本を対象とした文献も積極的な収集対象とはしていない．それは，日本がアジアに属するかどうかという議論とは関係なく，東京大学の全学的な位置づけの中でのアジア研究図書館の役割を考慮した結果である．日本を対象とした和文や英文の資料は総合図書館，駒場図書館をはじめとして，史料編纂所や法学部研究室図書室，経済学図書館などの部局図書館にも相当の蓄積があり，総合図書館と敷居を共有するアジア研究図書館の限られた開架スペースに敢えてそれらの資料を置くことは，空間の面でもマンパワーの面でも必ずしも効率的だとは言えない．

　アジア研究図書館で収集すべき資料には，アジアの諸言語で書かれた日本研究や日本語の語学書，日本文学作品の翻訳書，アジアと日本の関係に関する研究などが考えられる．こうした資料を「1-02 日本」に収めることで，アジア諸国から見た日本，アジアと日本の関係が一覧できる日本関連図書のコーナーが形成されることが期待できる．

1-91　一般・その他

　地域的枠組みをもたない主題，例えばフィールドワークの方法論，言語学一般，宗教一般，現代思想など，純粋な方法論に関す

る資料はここに収められる．ただし，特定の地域を対象・事例として方法を論じている資料は，その地域区分の下に収められる．例えば西洋などアジア以外の地域を対象として方法を論じているものは，「1-01 アジア・世界」に収める．ただし，仏教やキリスト教，イスラームなどの，地域に限定されない宗教を論じるものについては，「中国の仏教寺院」のように特定の地域における事例を扱う場合はそれぞれの地域区分に，経典や古典的な文献などはそれが生み出された地域に分類する．

⑶ 東アジアの小区分

「2 東アジア」の小区分には，「2-01 東アジア一般」「2-02 韓国朝鮮」「2-03 中国」「2-04 台湾」「2-05 香港・マカオ」「2-91 東アジア　その他」がある．日本については，先に述べた通り，東アジアには収めず，「1 アジア」の小区分として「1-02 日本」を用意している．

⑷ 東南アジアの小区分

アジア研究図書館の書架分類は，できる限り緩やかにすることを主眼としている．その上で，東南アジアと後述する南アジアについては，国家区分での小区分を採用している．

東南アジアに関しては，原則，現存の国民国家単位に基づく区分（ブルネイ，東ティモールまで含む）を設定した．東洋文化研究所および文学部の書架分類との間の通約可能性を考慮し，また，現在のコレクションのうち，植民地期に発行された書籍が少なくないことなどから，「3-01 東南アジア一般」と各国民国家区分の中間の区分として必須の区分は何かについて検討した．結果とし

て，「3-02 インドシナ一般」「3-08 マレー一般」という二つの歴史圏を中間区分として設定し，大陸部は旧仏領インドシナ3国という仏領期の歴史圏，島嶼部はマレー一般という，植民地期，前植民地期双方の歴史圏として柔軟に使用可能な名称を採用した．

(5) 「南アジア」の小区分

これまでの東京大学におけるインド哲学やインド文学，そしてインド史研究の蓄積を踏まえ，まず歴史的世界としての「4-01 南アジア一般」を設定した．ここにはインド洋世界に関するものも含まれる．南アジアの図書分類において国民国家に基づく区分を採用した場合，東南アジアに比べれば必ずしも適切とは言えない部分がある．なぜならば言語や宗教など国民国家の境界を越える主題が数多く存在するからである．しかしながら日本の学問的関心の変化に伴い，地域研究への関心が高まっていくことも考慮する必要があるため，現代世界，特に国民国家成立後の各地域に関する資料を収めるための項目として「4-02 インド」から「4-08 モルディブ」を設けた．インド洋にはインド系住民が過半数を占めるモーリシャスに加え，イギリス領，フランス領，オーストラリア領が存在する．これらについては「4-91 南アジア　その他」に収めている．

(6) 「中央ユーラシア」「西アジア」

中央ユーラシアについては先に述べた．西アジアには，東はイランから西はサハラ砂漠以北の北アフリカまで広がる中東・北アフリカ地域が含まれる．中央ユーラシアはロシアと隣接し，西アジアはヨーロッパやアフリカと隣接しているが，これらの隣接地

域との関係を扱う資料も，それぞれ中央ユーラシア，西アジアに収める．

　東南アジアや南アジアとは対照的に，中央ユーラシアと西アジアについては国家区分による小区分を採用していない．例えば，コーカサス研究とモンゴル研究やチベット研究，エジプト研究とイラン研究は，研究者の間では必ずしも敷居を同じくしているわけではないが，日本においては，現在の国家区分に囚われない歴史的研究が多いこと，また現代政治や社会科学においても「中東」や「イスラーム地域」といった括りで扱われることがあること，イスラーム研究やテュルク諸語の研究，アラブ文学，仏教やマニ教の研究などが国家単位の地域区分に沿わないことなどを踏まえ，小区分を設定せず，後述するように言語区分と付加記号によって並び方を調整するにとどめた．

(7)　複数地域にまたがる地域概念が主題となっている場合

　資料の対象とする地域が二つ以上の地域区分にまたがる場合，単純にその上位区分に分類するのではなく，扱われる地域の比重によって，いずれかの地域区分に包摂したほうがよい場合もあるだろう．アジア研究図書館分類においては，小地域区分と大地域区分が存在することから，複数地域にまたがる事例には，様々な組み合わせが考えられる．

　基本的な方針としては，①記述の視点，②影響・伝播・移動，③地域間比較から適切な基準を選択する．①の場合は，記述の視点となっている地域に分類する．例えばインド政治における東南アジア経済の重要性，といった主題の場合，記述の視点はインドにあると考えられる．また，②影響・伝播・移動の関係において

はそれを受けた側の地域に分類する．③比較の場合は，一方が比較の尺度となっている場合はその尺度となっているほうの地域に分類する．

　単に複数の大地域を並列的に扱っている場合（例：南アジアと東南アジア），または同じ大地域に属する複数の小地域を並列的に扱っている場合（例：インドネシアとマレーシア）には，まず，記述の分量で判断し，記述が多い地域に分類する．分量が拮抗する場合は，上位の大地域一般（東南アジアはインドシナ一般，マレー一般も使用可）またはアジア・世界に分類する．

　ここで，異なる大地域の二つの小地域の分量が拮抗している場合，例えば，エジプトとブータンとアフガニスタンは，それぞれ西アジア，南アジア，中央ユーラシアにまたがるが，小地域同士でまたがっている場合には，アジア全域にまたがっているとは言い難いため，アジア・世界に分類せず，いずれかの小地域に分類する．その際，まずタイトル中に早く出現する小地域で選択し，タイトルに地域名が現れない場合は，本文において先に記述されている小地域で選択する．扱う分量が同じでも，先に言及されることには何らかの重点が置かれていると考えられるからである．

3．図書の言語分類

⑴ 言語分類の概要——共通

　〈地域〉によって分類された資料は，次に〈言語〉によって分類される．言語分類は，基本的には和書，洋書，アジア諸語他の3つであり，それぞれ J，W，X のアルファベットをラベルの1段目の地域区分に並べて表記する．

〈地域〉で分類した上に，さらに〈言語〉で分類する最大の理由は，利用者にとって見やすい書架を表現するためである．研究者であれば，自分の研究対象に関する資料は言語を問わず参照するべきである，したがって同じ主題の各国語資料をまとめるべきだとする意見もあるだろう．しかし実際には，現地語が読めなくても和書や洋書を通じてその地域の情報を必要とする研究者も存在する．開架という空間がもつ最大のメリットは，利用者が自分の目で背表紙を眺め，書架ブラウジングを行うことができるという点に尽きる．その際，複数の文字体系で書かれた資料が交じり合っているよりは，言語ごとにまとまっているほうが効率よく資料を探すことができるだろう．言語分類の記号には，和・洋・アジア諸語他という順番に資料が並ぶよう，J，W，X を共通の記号として採用した．

先に述べたように，「洋書」に該当するのは英語，フランス語，ドイツ語，オランダ語，ロシア語，イタリア語，スペイン語，ポルトガル語，ラテン語，ギリシア語である．例えば，フィリピンを対象とする資料は，英語で書かれていれば W であり，タガログ語で書かれていれば X，その他のアジアの言語で書かれていても X である．上記以外のヨーロッパ言語は，アジア諸言語と同じ扱いとなり，X に分類される．

⑵ **東アジア，東南アジア**

東アジアおよび東南アジア地域については，漢籍に独自の言語分類記号「漢」を与え，他のアジア諸語と区別する．漢籍には四部分類を用いた別の請求記号を設定した（6 節を参照）．

⑶ **南アジア**

南アジアは多言語・多文化社会であると共に，国民国家の枠組みに必ずしも縛られない，国家横断的な言語利用が行われている．地域区分に加え言語区分によってある程度の並び方を生み出すために，Xにさらに1〜2文字を追加する細分化を図った．

冒頭Xに続く2文字目には，言語学的区分上での「古期・中期インド・アーリア諸語　Old and Middle Indo-Aryan Languages」をいわゆる古典語として「c」とし，「新期インド・アーリア諸語　New Indo-Aryan Languages」をいわゆる近代インド諸語として「i」を設けた．ただし，インド語・インド文学研究室においてドラヴィダ諸語は古典語と現代語を区分していないことを踏まえ，別個に「d」の項目を設けた．これらの2文字目については，「800言語」の項目においても大文字に変えた上で利用される．

3文字目については，古典語ではサンスクリット語「S」やパーリ語「P」，近代インド諸語ではヒンディー語「H」やウルドゥー語「U」，ベンガル語「B」，ドラヴィダ諸語ではタミル語「T」など，特に利用が見込まれる言語について記号を設け集約を図った．その他の言語については「X」を用いることとした．言語か方言かについて議論が行われている言葉についてのみ，現段階では *MARC21 Code List for Languages* とそれに基づく NACSIS-CAT の言語コードを参考に判断することとした．

⑷ **中央ユーラシア，西アジア**

地域小区分を設定しない中央ユーラシアと西アジア地域については，国境や国家区分の歴史的変遷に鑑み，地域区分ではなく言語区分によって一定の配列が生じるようにした．

中央ユーラシアでは，ロシア語文献が多いことから，洋書 W からロシア語を区別して WR を設定した．また，アジア諸語 X は，「XB チベット語」「XM モンゴル諸語」「XP ペルシア語」「XT テュルク諸語」「XX その他」のように追加の記号によって区分することとした．これによって，地域区分のように厳密ではないが，主題とする地域もある程度まとまることが期待される．

　西アジアも同様に，主要な言語によって，「XA アラビア語」「XP ペルシア語」「XT テュルク諸語」「XX その他」と区分を設定した．

　ペルシア語にはいわゆる近世ペルシア語，すなわちイランの公用語であるペルシア語，アフガニスタンの公用語の一つであるダリー語，そしてタジキスタンの公用語であるタジク語を含めることとし，それ以外のイラン語派の諸言語は「その他」とした．「テュルク諸語」は中央ユーラシアと西アジアで共通の区分であるが，西アジアにおいてはトルコ共和国のトルコ語とオスマントルコ語の図書が多数を占め，中央ユーラシアの「テュルク諸語」には中央アジアやコーカサスその他の地域のテュルク諸語の図書が多く含まれることになることを想定している．

4. 図書の主題分類

⑴ 概　　要

　主題分類は，基本的に NDC9 の第2次区分を3桁の数字にしたものを採用し，主題によって第3次区分までを採用している．その最大の理由は，他部局から受け入れる資料の分類作業を軽減することである．部局図書館や研究室からアジア研究図書館に移管

される資料は，様々な請求記号体系で分類されている（まったく分類されていないものもある）が，それらの分類体系よりも緩やかな分類にすることで，ある程度機械的に再分類することができる．

NDC9 の第 2 次区分表は以下のようになっている（表 1）.

ただし，以下のものについては，第 3 次区分までを採用した.

1. 「16 宗教」のように，アジアにおいて重要なイスラーム（167）やヒンドゥー教（168）などを区別する必要があるもの.

表 1 日本十進分類法新訂 9 版（NDC9）の第 2 次区分表（綱目表）

00	**総記**	50	**技術. 工学**
01	図書館. 図書館学	51	建設工学. 土木工学
02	図書. 書誌学	52	建築学
03	百科事典	53	機械工学. 原子力工学
04	一般論文集. 一般講演集	54	電気工学. 電子工学
05	逐次刊行物	55	海洋工学. 船舶工学. 兵器
06	団体	56	金属工学. 鉱山工学
07	ジャーナリズム. 新聞	57	化学工業
08	叢書. 全集. 選集	58	製造工業
09⁺	貴重書. 郷土資料. その他の特別コレクション	**59**	**家政学. 生活科学**
10	**哲学**	**60**	**産業**
11	哲学各論	61	農業
12	東洋思想	62	園芸
13	西洋哲学	63	蚕糸業
14	心理学	64	畜産業. 獣医学
15	倫理学. 道徳	65	林業
16	**宗教**	66	水産業
17	神道	67	商業
18	仏教	68	運輸. 交通
19	キリスト教	69	通信事業

20	歴史	70	芸術. 美術
21	日本史	71	彫刻
22	アジア史. 東洋史	72	絵画. 書道
23	ヨーロッパ史. 西洋史	73	版画
24	アフリカ史	74	写真. 印刷
25	北アメリカ史	75	工芸
26	南アメリカ史	76	音楽. 舞踊
27	オセアニア史. 両極地方史	77	演劇. 映画
28	伝記	**78**	**スポーツ. 体育**
29	**地理. 地誌. 紀行**	**79**	**諸芸. 娯楽**
30	社会科学	80	言語
31	政治	81	日本語
32	法律	82	中国語. その他の東洋の諸言語
33	経済	83	英語
34	財政	84	ドイツ語
35	統計	85	フランス語
36	社会	86	スペイン語
37	教育	87	イタリア語
38	風俗習慣. 民俗学. 民族学	88	ロシア語
39	国防. 軍事	89	その他の諸言語
40	自然科学	90	文学
41	数学	91	日本文学
42	物理学	92	中国文学. その他の東洋文学
43	化学	93	英米文学
44	天文学. 宇宙科学	94	ドイツ文学
45	地球科学. 地学	95	フランス文学
46	生物化学. 一般生物学	96	スペイン文学
47	植物学	97	イタリア文学
48	動物学	98	ロシア. ソビエト文学
49	**医学. 薬学**	99	その他の諸文学

2. 「18 仏教」は文献が多数存在することを踏まえ，第3次区
分までを採用した．

3. 「199 ユダヤ教」「499 薬学」のように，「19 キリスト教」
や「49 医学. 薬学」の下位分類ではなく，同位であるに
もかかわらず，番号が足りないために記号法上，下位区分

となっているもの（不均衡項目）⁵⁾.

このため，分類記号はすべて3桁の数字に統一し，外見上は第3次区分を簡素化した形になる.

逆に，第2次区分において地域概念や言語概念が表現されているものについては，省略を行った. 例えば，NDCでは2類「歴史」の第2次区分は，「21 日本史」「22 アジア史. 東洋史」「23 ヨーロッパ史. 西洋史」，……となっているが，アジア研究図書館分類表ではこれらはすべて200として，「280 伝記」「290 地理. 地誌. 紀行」のみ第2次区分を使用することとした.

また，NDCの8類「言語」，9類「文学」は，言語によって細分に偏りがあり，日本語や英語が細かく細分される一方で，アジア研究図書館が扱うほとんどのアジア諸言語は829や929に収められてしまう. 公共図書館の書架において，「929 その他の東洋文学」が十把一絡げになっているばかりか，「920 中国文学」の見出ししかないために，アイヌ文学やアラブ文学の作品を見つけるのに難儀した人もいることだろう. こうした偏りを解消するため，言語と文学はそれぞれ800，900のみとし，地域ごとに必要な区分を設定するため，必要に応じてアルファベットによる付加記号を採用することとした.

(2) 付加記号の説明——120 東洋思想

NDCの「120 東洋思想」は，中国思想の占める比重が大きい. 日本思想がすべて121に収められているのに対し，NDC9では，「122 中国思想. 中国哲学」「123 経書」「124 先秦思想. 諸子百家」「125 中世思想. 近代思想」（両漢時代から中華民国時代以降を含む）となっており，122から125までが中国思想に割り当てら

れている.

一方, 東南アジアや中央アジアの思想には個別の分類は割り当てられておらず,「126 インド哲学. バラモン教」に「ベーダ」(ママ),「ウパニシャッド」のような古典インド哲学から「ガンジー」などの近代インドの思想までが含まれ,「その他のアジア・アラブ哲学」すなわち朝鮮, 東南アジア, 中央ユーラシアの大部分の哲学や, 中東の近代以降の思想・哲学はすべて 129 に収められる[6].

アジア研究図書館ではあらかじめ地域区分によって分類するため, これらが書棚の上で雑然と入り乱れることはなさそうだが, それでも, 中国思想同様, 各地域の思想や哲学には, その独自の時代区分や学派による区分けがあり, それがその地域の出版物にも反映されているはずである. そのことを踏まえ, ここでは統一した区分を採用するのではなく, 韓国朝鮮, 中国については時代を 4 つに区分し, アルファベットの a 〜 d で区別することとし, 南アジアについては, ヴェーダ, ウパニシャッド, 六派哲学, 近代以降をそれぞれ a 〜 d で区別することとした.

【韓国朝鮮】
120 a　通時代
120 b　918 年以前
120 c　918-1876 年
120 d　1876 年以後
【中国】
120 a　通時代
120 b　907 年以前
120 c　907-1840 年
120 d　1840 年以後

韓国朝鮮と中国は，概ね a）通時代，b）古代〜9世紀まで，c）10世紀初頭〜近世，d）近代という共通の区分になっているが，年代の区切りについてはその地域の歴史区分に合わせて変えている．a が「通史」ではなく「通時代」となっているのは，必ずしも古代から近代までの通史だけを収めるのではなく，古代と中世，中世から近代といった，複数の時代区分にまたがるものを収められるようにするためである．

　【南アジア】
　120 a　ヴェーダ
　120 b　ウパニシャッド
　120 c　六派哲学
　120 d　近代以後

　南アジアの思想については，年代区分ではなく，研究上の区分けを基に，上のような区分を採用した．既存の書誌情報を活用することを念頭に NDC を一部流用しつつ，NDC で書き出されている「順世派」は付加記号無しの「120」に収めることとした．

　南アジアについて問題となりそうなのは，思想と宗教と文学，それぞれの主題が重なり合った文献群である．これについては以下の(4)「付加記号の説明——168 ヒンドゥー教ほか」の項において説明する．

　中央ユーラシアと西アジアの思想については，付加記号の採用はしなかった．特に西アジアについては，イスラーム哲学が大きな割合を占めることが容易に予想されるが，主要な著作は概ね中世から近世に集中しており，その中で西アジア内の各地域に見合った時代区分を設定することは，分類作業者の頭を無駄に悩ませることになると考えたからである．

ここで「イスラーム哲学」のローカルルールについて説明しておきたい．イスラーム哲学とは，基本的にはアラビア語の術語 *falsafa* に相当する．*falsafa* とはギリシア語で哲学を指すフィロソフィア *Φιλοσοφία* から移入されたアラビア語であり，事実，プラトン，アリストテレスといったギリシア哲学の著作が，直接，あるいはシリア語訳などを通してアラビア語に翻訳・紹介され，アラブやペルシアの哲学者たちによって発展させられたものを指す．こうした経緯から，かつてはアラブの哲学はギリシア哲学と西洋中世哲学とをつなぐものとして，西洋哲学史の脈絡で触れられることが多かった．

　実際，NDC においては，「アヴィケンナ」（イブン・スィーナー），アヴェロエス（イブン・ルシュド）といった「アラビア中世哲学」，イブン・マイムーン（マイモニデス）といった「ユダヤ中世哲学」を，「130 西洋哲学」の下位区分である「132 中世哲学」の「132.2 スコラ哲学」の下に収めている．イブン・スィーナーやイブン・ルシュドの著作の西洋哲学史における受容を考えれば，このような分類も決して間違いとは言い切れないが，NDC9 では，イスラーム哲学一般（イスラーム哲学史など）は「120 東洋思想」の下位項目「129.7 アラビア近代哲学」に収められることになっている．これは，アラビア語やペルシア語の原典資料を用いて行う今日のイスラーム哲学研究の脈絡から見れば，東洋思想の一部だけが西洋哲学に置かれることになり，ちぐはぐに映る．自然な並びを再現するための最低限の処置として，アジア研究図書館では，「アラビア中世哲学」は 130 ではなく 120 に収めるというローカルルールを設定した．

(3) 付加記号の説明——167 イスラーム

　西アジア，中央ユーラシアにおいては，イスラーム関係資料が一定のウェイトを占めることが予想されるが，例えば，イスラーム研究においては一つの確立した分野をなしているスーフィズム（イスラーム神秘主義）がNDCでは明確に区分されていないなど，既存の分類法を修正する必要がある．学内で多くのイスラーム関係文献を所蔵する文学部イスラム学研究室，東洋文化研究所図書室の請求記号ではスーフィズムが分類項目として設定されており，この2つの図書室の蔵書が移管されることを念頭に，両者の分類を包摂できるよう，a〜fおよびxの付加記号を用いることとした．

【中央ユーラシア】【西アジア】
167 a　クルアーン
167 b　ムハンマド
167 c　ハディース
167 d　神学（カラーム）
167 e　スーフィズム
167 f　諸派（シーア派．スンナ派．その他）
167 x　バハーイー教．バーブ教

　167に限らず，宗教の分類に関しては，そもそもいずれかの〈地域〉に分類することが妥当なのか否かという問題もある．宗教は信徒の移動によって他地域に伝播したり，聖典が翻訳されることで地域や言語を超えて世界宗教となったりするからである．

　では，地域区分に話が戻るが，イスラームや仏教やキリスト教に関する書物はどの地域に収めるべきだろうか．「日本のイスラーム教徒」や「インドの仏教」という主題の資料であれば，地域に分類することはたやすい．問題は，聖書やクルアーンのような

聖典や，主題に地域性がない古典的宗教文献である．新約聖書の研究は「西アジア」でよいのか，またチベットや中国や日本で生み出されても，内容には地域性の見られない仏教思想や経典は，どのように地域分類すべきか，といったことである．

　議論を重ねた結果，地域性のない宗教関係文献のうち，古典的なものに関しては，それが生み出された地域に収めることとした．すなわち聖書やクルアーンは西アジアに，仏教関係資料はそれぞれインド（南アジア），チベット（中央ユーラシア），中国（東アジア）などの地域へと振り分けられることになる．

⑷　付加記号の説明——168 ヒンドゥー教ほか

　　【南アジア】
　　168 a　ヒンドゥー教
　　168 b　スィク教
　　168 c　ジャイナ教
　　168 d　ゾロアスター教．マニ教．ミトラ教

　NDC においては「ヒンズー教．ジャイナ教」の項目が設けられている．この項を主として南アジアに由来する宗教，と捉えると同時に，NDC 上，下位に置かれていたイラン・中央アジアに由来する「ゾロアスター教・マニ教・ミトラ教」と共に，個別の付加記号を設け分類することとし，スィク教を新たに書き出した．
　「ヒンドゥー教」は宗教のみならず，時に思想や哲学あるいは文学的営為も含みうる概念となるため，分類者にとって判断が困難になる可能性がある．研究の蓄積のあるヴェーダ，ウパニシャッド，六派哲学は「120 哲学」内に，叙事詩，プラーナなどは「900 文学」内に項目を別に立てそこに配列することとした．結

果として，本項目には，個別の宗派，宗教的実践を重点的に集約していくこととした．

(5) 付加記号の説明——200 歴史

　すでに触れたように，歴史については，NDC の 200 ～ 270 を 200 に包括し，「280 伝記」と「290 地理．地誌．紀行」のみ区分することとした．例えば NDC では日本史に 210 ～ 219 を充て，時代別，地域別に細かく細目を設けている．221，222，223，224，225 はそれぞれ朝鮮，中国，東南アジア，インドネシア，インドにあてがわれ，時代や地域で細目が設定されているものの，日本史ほど細かいわけではなく，東南アジア，インドネシア，インドなどは一つの分類記号に数か国が収められ，時代区分はほとんどされていない．「227 西南アジア．中東」「229 アジア・ロシア」も同様である．

　NDC が日本や東アジア，欧米に比重を置いているのは，念頭に置かれている日本語の出版物の傾向を考えれば自然なことであるが，アジア各国の資料を扱うアジア研究図書館においては，どの地域も等しく細分できるということが重要である．

　分類を考察する過程では，歴史一般と西洋史と東洋史の区分を残すべきかどうかが議論されたが，地域による区分の繰り返しによる冗長性を排除するため，歴史はすべて 200 とし，その上で，どの地域にも等しく細分ができるよう，付加記号による緩やかな時代区分を行うことが妥当であると考えられた．

　当初，各地域に共通の時代区分として，「通史」「古代」「中世」「近世」「近代」といった区分が考えられたが，地域によっていつからいつまでを古代とするか，近代とするかはそれぞれ異なる．

その上，近世や中世といった区分がすんなりと適用できない地域もある．そこで，各地域共通の時代区分を採用することはあきらめ，地域ごとに適した区分を設定することになった．そこで問題となったのは，中央ユーラシアである．

中央ユーラシアの時代区分を考える場合，遊牧民国家，イスラーム化，モンゴル化，仏教化，ソビエト時代といった時代区分も考えられるが，これらがすべて中央ユーラシア全体に当てはまるとは言い難い．むしろ，地域区分において細分されていない，チベット語圏，モンゴル語圏，テュルク諸語圏などをここで区分するほうが，利用者にも分かりやすいと考えられる．したがって，中央ユーラシアの歴史に関しては，「a チベット史」「b モンゴル史」「c 中央アジア史」「d その他の地域史」の4つの区分を設定した．なお，ここでいう「中央アジア」は，旧ソ連中央アジア5カ国，中華人民共和国新疆ウイグル自治区のほか，アフガニスタンを含む．これらにまたがるモンゴル帝国史は，付加記号なしの「200」になる．

西アジアについては，「a 通時代」「b イスラーム化以前」「c イスラーム化以後（〜18世紀）」「d 近代（19世紀以後）」を基準として時代区分を設定した．

　　【韓国朝鮮】
　　200 a　通時代
　　200 b　918 年以前
　　200 c　918-1876 年
　　200 d　1876 年以後
　　【中国】
　　200 a　通時代
　　200 b　907 年以前

200 c   907-1840 年
200 d   1840 年以後
【南アジア】
200 a   通時代
200 b   12 世紀以前
200 c   13-17 世紀
200 d   18 世紀以後
【中央ユーラシア】
200 a   チベット史
200 b   モンゴル史
200 c   中央アジア史
200 d   その他の地域史
【西アジア】
200 a   通時代
200 b   イスラーム化（7-8 世紀）以前
200 c   イスラーム化（7-8 世紀）-18 世紀
200 d   19 世紀以後

⑹ 付加記号の説明──800 言語

　言語によっては 800 に収めるだけで十分であると考えられるが，必要に応じて以下のように付加記号を用いる．東アジアの韓国朝鮮語および中国語に関しては，言語学の下位の主題分類を付加記号で表現する．両者はほぼ共通しているが，中国は「800 x 少数言語」が設けられている．南アジアと中央ユーラシア，西アジアに関しては，多様な言語が用いられているものの，それが必ずしも地域区分と一致しない．特に，日本語や欧文で書かれた資料については，アラビア語を扱う資料もトルコ語を扱う資料も区別することができない．そのため，和書と洋書については，対象となる言語を大文字の付加記号で表すことにした．

【韓国朝鮮】
800 a　韓国朝鮮語一般
800 b　韓国朝鮮語音声. 音韻
800 c　韓国朝鮮語文字. 文体. 正書法
800 d　韓国朝鮮語語彙. 文法. 意味. コミュニケーション
800 e　韓国朝鮮語言語地理学. 方言. 言語接触
【中国】
800 a　中国語一般
800 b　中国語音声. 音韻
800 c　中国語文字. 文体. 正書法
800 d　中国語語彙. 文法. 意味. コミュニケーション
800 e　中国語言語地理学. 方言. 言語接触
800 x　中国少数言語
【南アジア】
800 C　古期・中期インド・アーリア諸語
800 D　ドラヴィダ諸語
800 I　新期インド・アーリア諸語
800 X　その他の言語
【中央ユーラシア】【西アジア】
800 A　アラビア語
800 B　チベット語（中央ユーラシアのみ）
800 M　モンゴル諸語（中央ユーラシアのみ）
800 P　ペルシア語
800 T　テュルク諸語
800 X　その他の言語

⑺　**付加記号の説明──900 文学**

〈言語〉同様，南アジアと中央ユーラシア，西アジアは，和書
と洋書について対象となる文学作品の言語によって，大文字の付
加記号を採用した.

　しかし，文学には，「800 言語」とは異なる事情がある. NDC9

の解説は，次のように述べている．「文学作品は，まず原作の言語により，ついで文学形式によって分類する」（もり 1995: xlvii）．例えば，フィリピン文学といった場合，一般的にはフィリピンで生み出された英語，スペイン語，タガログ語の作品を指すことがありうるが，NDC や DDC の分類法では，それぞれ英語文学，スペイン語文学，フィリピン文学として分類されることになる．インドにおける英語文学とヒンディー語文学，その他のインド諸語の文学も同様である．それらは原作の言語が何であるかによって「○○文学」と認定され，翻訳されても○○文学としての同一性は保たれる[7]．ここが「800 言語」との大きな違いであり，「○○文学」は言語をその区分論理としながら，一つのジャンルを形成するとみなされているのである．

　NDC では，多くのアジアの文学は「929 その他の東洋文学」に収まることになるため，ここでも，言語による深さに違いが生じないよう，文学はすべて 900 にまとめた上で，必要に応じてアルファベットの付加記号を用いることとした．韓国朝鮮および中国は時代区分，南アジアはジャンルによる区分，そして中央ユーラシアおよび西アジアは，和書・洋書に限って，文学作品の原作の言語による区分を用いることとした．

【韓国朝鮮】
900 a　通時代
900 b　918 年以前
900 c　918-1876 年
900 d　1876 年以後
【中国】
900 a　通時代
900 b　907 年以前

900 c　907-1840 年
900 d　1840 年以後
【南アジア】
900 a　叙事詩
900 b　美文学
900 c　民話. 説話
900 d　ドラヴィダ文学
900 e　近現代文学
【中央ユーラシア】【西アジア】
900 A　アラビア語文学
900 B　チベット語文学（中央ユーラシアのみ）
900 M　モンゴル諸語文学（中央ユーラシアのみ）
900 P　ペルシア語文学
900 T　テュルク諸語文学
900 X　その他の言語による文学

　南アジアの文学については，インド語・インド文学研究室を中心とする学内の学術資産が移管される可能性を踏まえ，所蔵の多い古典文学の形式を中心に区分する.「a 叙事詩」の項目にはプラーナ文献を含めている. 文法・修辞・韻律の規定に従う文学作品を「b 美文学」とした. ここには戯曲や詩論なども含まれる. 一方『パンチャタントラ』に代表されるような教訓を目的とする説話などを「c 民話. 説話」の項に配列することとした.「d ドラヴィダ文学」については古典と現代の区分が設けられていないこともあり，形式によらず一つに纏めることとした. その他の近代インド諸語を収める「e 近現代文学」と合わせ，〈言語〉によって上位ですでに分類されるため，言語ごとに一定のまとまりをもって配架されることが期待される.

5. 著者記号

(1) 概　要

　図書ラベルの3段目には，アルファベット3文字までの著者記号と，必要に応じて巻号が記入される．ラベルの請求記号というものは，主として開架に配架された図書の在処を示すための住所のようなものであり，その意味で，記号は一意的であるべきという考えがある一方，複数の資料が同じ記号を共有していても，一定の冊数の範囲であれば目で確認することはたやすいので問題ないという考えもまた成り立つ．住所の番地が何番何号まで同じ家があったとしても，数軒であれば表札で区別できるというわけである．便宜上，以下ではこの図書の同定に関わるレベルの記号を図書記号と呼ぶことにする．

　一冊一冊に固有の図書記号を振る際，受入番号や著者記号に枝番を追加するなど，数字を用いることが一般的である．このような一意の図書記号は，図書館員が出納したり，利用者が請求記号を頼りに開架を探したりするときには便利であるが，その反面，分類作業者が空き番号を管理する作業が煩雑であり，番号の重複などのミスが生じやすい．

　主として和書を扱う公共図書館の多くでは，1，2文字の著者記号，例えば著者が夏目漱石なら「ナ」とか「ナツ」を著者記号とし，場合によって巻冊次を番号として付与する例が見られる．哲学者ヘーゲルの哲学著作であれば，ドイツ・オーストリア哲学「134」（NDCの要目表を採用の場合）の著者記号「ヘ」のあたりの書架を探せばよいというわけである．しかし，蔵書数が増えると，

1，2文字の著者記号ではあまりにも多くの著者を含んでしまう．より細かい著者記号区分を設けるために，歴史上，欧米ではカッター・サンボーン著者記号表（*Cutter-Sanborn Three-Figure Author Table*），日本では日本著者記号表（もり 1974）のような，アルファベットと数字を組み合わせた著者記号の体系が生み出され，用いられてきた．

アジア研究図書館の図書請求記号では，通し番号は用いずに，アルファベット 3 文字の著者記号に，多巻物の場合は巻冊次番号を添えたものを図書記号として採用することにした．

著者記号にも，アジア各地の資料を扱うための工夫が必要であった．例えば，洋書の分類で多く用いられるカッター・サンボーン著者記号表では，Kim（金）という姓は K49，Wang（王）は W246 という記号となる．同姓の多い中国，韓国朝鮮，ベトナムの著者の姓が同じ記号に偏らないような工夫が必要である．

また，整理作業にあたって，原典の言語や著者の出身が不明の場合にも著者記号をつけられるようにするための工夫も必要である．例えば日本語版のアブデュルレシト・イブラヒム（Abdürreşid İbrahim）著『ジャポンヤ *Âlem-i İslâm ve Japonya'da intişar-ı İslâmiyet*』を整理する場合に，このロシア，トルコ，日本を含む各国で活動したタタール人著者の著者記号を，タタール語，ロシア語，トルコ語のどの言語での綴りに基づいて採用するのかという問題が生じる．

整理担当者が必ずしも原語の知識をもつとは限らず，また著者の用いた言語が必ずしも著者の国籍や出身と結びつかない例が多々生じるであろうことから，アジア研究図書館分類表では，統一された著者標目などではなく，その図書のタイトルの言語，つ

まり上記の『ジャポンヤ』の場合は日本語の著者表記を基に，それをラテン文字に置き換えて著者記号を生成することとした．

　以下に地域ごとの事例を挙げつつ，詳細を説明する．

⑵　韓国朝鮮語・中国語・ベトナム語資料の著者記号

　図書に責任表示として記された姓名の最初の3音節までのラテンアルファベット翻字形のイニシャルを取り出し，ダイアクリティカルマークを外した小文字で表示する．韓国朝鮮語の翻字形はMR 式，中国語の翻字形は漢語拼音方案による．

　例えば韓国人名「金大中」の場合，Kim Tae-jung のそれぞれの音節のイニシャルを採用すると，ktj となり，金姓の重複過多を避けることができる．同じ「金大中」でも，それが中国語図書である場合にはピンインを基にするので jdz となるが，これが和書の場合には音読みした姓のローマ字形の最初の3文字を採って kin となる．同じ著者でも資料の（主たる責任表示の）言語によって記号が異なる点に注意が必要である．逆に，著者がどこの国の人間であるのか，つまり中国系アメリカ人であるのか，日系中国人であるのか，といったことを考える必要はなく，ただ責任表示の言語によって記号を生成すればよいのである．

> 　例：金大中，김대중（Kim, Tae-jung）：ktj
> 　　　孫文（sun, wen）：sw
> 　　　欧阳哲生（ou yang, zhe sheng）：oyz
> 　　　Dương Thị Xuân Quý（Dương, Thị Xuân Quý）：dtx

上記以外の言語による資料においては，姓に当たる部分のラテ

ンアルファベット翻字形の最初の3文字が著者記号となる．姓に
当たる部分が自明でない場合の判断は，『英米目録規則』第2版
の第22章「個人標目」に準じる．

(3) 南アジア人名の著者記号

「姓」に当たる部分が自明でないことを示す代表的な地域例が
南アジアである．宗教的多様性，言語的・地域的多様性を反映し，
南アジア内で単独の命名原理を設定することはできない．インド
において名前は裁判所への宣誓供述書と新聞・官報上の公告など
により比較的容易に変更されうる．著者名として宗教名，雅号が
用いられる事例も多い．構成要素の順序も多様である．例えば南
インドでは「祖父名＋父名＋個人名」のような世代で循環する命
名法を採る場合がある．命名原理は宗教や文化と密接に関連して
いる．ヒンドゥーの場合，ジャーティ（カースト名）が「姓」に
あたる部分を構成することもあるが，カースト運動の中でその出
自を明らかにしないために省略される例も多い．またムスリムの
場合はイスラーム圏との共通性が大きい．

このような状況下において，分類担当者あるいは，利用者にと
っての便宜を最大化するため，同一の著者記号の重複を一定にと
どめるという目標を設定した上で，『英米目録規則』第2版の第
22章「個人標目」で可能な限り個人を特定する要素を選択する
こととした．

(4) 西アジア・イスラーム

西アジアの著者を考える上で問題になるのは，アラブの伝統的
な命名法による「○○族（または地名）出身の誰某の息子の誰某の

息子の誰某の息子」といった人名のうち，どの要素から著者記号を採るかであろう．系譜を表す要素のほかには，尊称や職業などを表すものがあるが，『英米目録規則』第2版では，アラビア文字の名前を，「その個人の最もよく知られている要素または要素の組み合わせのもとに記入する」としている．したがってアラビア語の人名でよくある例であるが，「その個人の最もよく知られている要素」が，Ibn（例えばイブン・スィーナーやイブン・ルシュド），Abu（アブー・サイードやアブルファズル等），Abd（アブドゥッラーやアブドゥル〜等）の場合，少なからず著者記号が重複することになる．とはいえ，同じ分類の中での重複はそれほど多くはないと考え，例外規則を設けることはしなかった．

6. 参考文献，一枚ものの地図，漢籍，その他の請求記号

図書館においては，すべての資料を同じ請求記号体系によって分類するのではなく，雑誌や新聞などの定期刊行物，視聴覚資料，マイクロフィルム，一枚ものの地図などは，図書とは別の書架に，別の記号体系で配架されることが多い．また，図書の中でも文庫本，新書，大型本などは，形式上の違いから別置されることが珍しくない．なお，現時点では，アジア研究図書館では雑誌を継続購入する予定はないため，ここでは確定済みの語学辞書，地図，漢籍の請求記号について説明する．

(1) 語学辞書
参考文献のうち，語学辞書については，研究分野を問わず利用されるものであるため，独自の請求記号を用いて別置する．その

際，先に述べたように，NACSIS-CAT の言語コードないしそれが準拠している *MARC21 Code List for Languages* は，言語名を基にしたコードであるため，系統的に隣接した言語や研究上関係の深い言語同士でも遠く離れてしまう可能性がある．そこで，辞書の分類はラベルの 1 段目を R ＋大地域区分として地域によって大まかに区分した上で，2 段目に言語記号，3 段目に著者記号によって分類することとした．ある言語がある〈地域〉に分類されうるかということについては議論の余地があるが，地域区分を大地域区分にすることで，さほど分類に困ることはないと考えられる．

⑵　マップケースに収める一枚ものの地図

アジア研究図書館の開架フロアにはマップケースを設置し，一枚ものの地図を収蔵する予定である．地図はひとまとまりのセットで購入することが多く，かつ地図資料全体の点数はさほど多くないと考えられるため，通し番号を用いることとした（図 2）．

ラベルの 1 段目には地図を表す記号 M と大地域区分の数字，2 段目には各大地域内での通し番号（地図セット単位），必要に応じて 3 段目に地図セット内の通し番号を記入する．

「地図セット」のまとまりは，購入単位とその中の縮尺を基準に設定する可能性が高いが，その地図の性質に応じて適宜判断する．その後同じ地図セットに入れるべきと判断される地図を購入した場合には，同一地図セット番号内に加えず，新たな番号を与え，備考として以前の地図セットとの関連を記録しておく．

3 段目の番号は，シート番号がある場合はそれを優先する．ただし，シート番号の並びに合理性がない場合，あるいは判読や整

理に適さない場合は，適宜番号を振り直すこととした．

なお，冊子体のアトラス類は図書と同様の基本ラベル（主題分類「290 地理．地誌．紀行」）の対象となる．

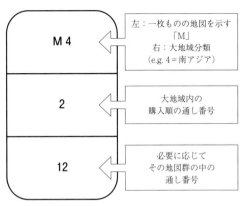

左：一枚ものの地図を示す「Ｍ」
右：大地域分類（e.g. 4＝南アジア）

大地域内の購入順の通し番号

必要に応じてその地図群の中の通し番号

図2 地図の請求記号ラベルの例

⑶ **漢　籍**

中国漢籍は現時点ではアジア研究図書館分館（東洋文化研究所内）に集中する予定であるが，学習向けのものや工具書等に加え，ベトナムと，特に韓国朝鮮の漢籍は本館4階に配

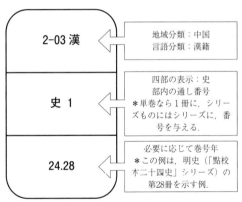

地域分類：中国
言語分類：漢籍

四部の表示：史
部内の通し番号
＊単巻なら1冊に，シリーズものにはシリーズに，番号を与える．

必要に応じて巻号年
＊この例は，明史（「點校本二十四史」シリーズ）の第28冊を示す例．

図3 漢籍の請求記号ラベルの例

架しうる．その場合は以下のような分類に基づくラベルを用いる方針とする（図3）．

1段目：地域分類＋漢
2段目：四部の表示＋部内の通し番号

＊単巻ものは1冊ごとに，シリーズ物はシリーズに番号を与える．
3段目：必要に応じて巻号年

7. おわりに

　以上がU-PARLで設定をしたアジア研究図書館の開架請求記号のあらましである．この請求記号体系は，第1期U-PARLにおいて，東京大学の図書館職員の意見も交えながら，アジア地域を専門とする研究者によって整備された．当時のメンバーの中には長年アジア資料の書誌作成や分類に携わってきた者も含まれており，分類のどの部分を変更すればどのような問題が生じるかといった検討は何度も繰り返され，議論は2年以上に渡って続いた．
　〈地域〉，〈言語〉，〈主題〉，〈著者記号〉による請求記号は，他館のそれに比して複雑に過ぎるという批判もあろう．しかし，既存の分類法の多くが，英語圏や日本といった，利用が想定される地域の出版物を念頭に置いている以上，地域による偏りのない形でアジア全域の出版物をカバーする分類体系を考案することには，一定の意義があったと自負している．
　無論，これがアジア資料を配架する唯一の完璧な請求記号体系だなどと主張するつもりはない．しかし，将来，他の研究図書館がこの請求記号体系をこのままの形で採用することはないとしても，既存の分類の変更や新たな分類の考案という大仕事に取り組もうとする人にとって，本章で述べてきたような苦心と工夫の記録がなんらかの参考になれば幸いである．

註
1) http://www.ide.go.jp/Japanese/Library/Info/Haichi/raberu.html
2) https://www.loc.gov/marc/languages/
3) http://catdoc.nii.ac.jp/MAN2/CM/furoku1_3.html
4) 「中央ユーラシア」という地域概念が設定されてきた経緯については，杉山（2016）を参照．
5) 不均衡項目についてはNDC9「本表編」p. 23 を参照．
6) 127, 128 が空欄になっているのはNDC新訂8版以来で，新訂6-A版（1951）では122 から128 までが中国思想に充てられ，129 に「インド哲学」が置かれていたのが，新訂7版（1961）で中国思想は122 から125 までに整理され，126 から128 が空欄になっていた．新訂8版から新訂9版への改版で，インド哲学が129 から126 に変更になったため，NDC9を書架分類に採用した多くの館で請求記号の付け直しが必要となった．
7) ただし，翻訳の枠を越えた翻案や脚色の場合は，「原作の分類項目とは独立して，翻案作家，脚色家の作品として分類する」（もり1995：本表編xxxviii）．

参考文献

小松久男・荒川正晴・岡洋樹（編）2018：『中央ユーラシア史研究入門』山川出版社．
杉山清彦 2016：「第5章　中央ユーラシア世界：方法から地域へ」羽田正責任編集『地域史と世界史』MINERVA世界史叢書1，ミネルヴァ書房，97-125.
米国図書館協会ほか 1982：『英米目録規則』第2版日本語版，日本図書館協会．
もりきよし 1974：『日本著者記号表：アルファベット順による二数字表』改訂版，日本図書館協会．
もりきよし（原編）1995：『日本十進分類法』新訂9版，日本図書館協会．
Dewey, Melvil (dev.) 2011: *Dewey Decimal Classification and Relative Index.* Ed. 23. Dublin, Ohio: OCLC.

〈コラム1〉 東京外国語大学附属図書館の言語分類

足立享祐

1. はじめに——東京外国語大学附属図書館とは

東京外国語大学（Tokyo University of Foreign Studies）は，蕃書調所を前身とする開成学校（現，東京大学）語学課程を元に1873年に発足した東京外国語学校をその祖とする．その後，1897年の高等商業学校（現，一橋大学）附属語学学校としての創立，1899年の東京外国語学校としての独立，1949年の新制大学移行を経て現在に至る[1]．

附属図書館の規模は86万7,836冊（2019年7月現在）[2]と大規模大学図書館に比べれば限られるものの，日本語・英語双方の機関名に込められたように，言語運用能力に基づく地域研究機関としてアジア・世界の言語文化・国際社会に関わる質の高い蔵書群で知られる．蔵書は一部の貴重図書を除き，基本的には開架資料として配架されている．またOPACの多言語対応も積極的に進められており，Unicode（UTF-8）で原綴の書誌情報をNACSIS-CATに提供している点は高く評価されるべきであろう．

東京外国語大学附属図書館の図書分類方法についてはウェブサイト上で公開されている．本コラムでは，他館の分類法と比較して際立った特徴である，言語を中心とする分類法について重点的

に解説したい.

図1は，東京外国語大学附属図書館の図書ラベル（請求記号）で

新分類　　　　旧分類　　　　貴重図書　　　特殊文庫

図1　東京外国語大学附属図書館の図書ラベル

ある[3]．一段目から四段目まで階層構造が取られており，上位の記号が下位の記号を包摂している．明治維新前後に出版された外国事情，外国研究書，および19世紀中葉以前に発行された外国語図書からなる「貴重図書」や寄贈図書を中心とした「特殊文庫」，並びに大型コレクション[4] を別として，東京外国語大学附属図書館蔵書の大部分は，「旧分類」（1962年3月末までに受け入れた資料）[5]，「新分類」（1962年4月以降の受入資料）として分類されている．両者は，一段目に「記述言語（本文の言語）」を置いている．言語を第一段に置く分類原理は，所蔵資料の言語が主要な欧米言語のみならず，世界各地の言語にまたがる東京外国語大学附属図書館において，重要な意味を持っている．

2．言語に基づく分類——「新分類」を例として

世界には，多くの話者数を抱える言語から消滅の危機に瀕している言語まで多種多様な言語が存在する．しかしながら言語の数や範囲を定義することは，実際には困難なことである．何故ならば，ある「ことば」が「言語」なのか「方言」なのかということは，それ自体が大きな問いとなりうるためである．

それでは東京外国語大学では，どのように言語を中心とする分

表1 「新分類」における言語分類表

A 日本語	J ［イラン系諸語］	S ロシア語，その他 のスラヴ諸語
B 中国語	K 英語	T ［バルト諸語］
C 朝鮮語	L ドイツ語	U ギリシア語
D ［極北諸語］	M ［その他のゲルマン諸語］ （ゲルマン諸語一般）	V ラテン語
E ［チベット・東南 アジア諸語］	N フランス語	W ［ウラル諸語］
F ［南島諸語］	O （使用せず）	X ［その他のヨーロ ッパ諸語］
G ［アルタイ諸語］	P スペイン語	Y ［ハム語］［アフリ カの諸語］
H ［セム諸語］	Q ポルトガル語	Z ［人工語］
I ［インド諸語］	R イタリア語，その他のロマ ンス諸語	

類を行っているのだろうか．蔵書全体の約80％を占める「新分類」[6] の言語区分について見てみよう．東京外国語大学附属図書館新分類においては，表1にあるとおりアルファベットのAからZまでを用い，言語を分類することが試みられている[7]．

　幾つかの言語についてはさらに下位の言語分類がもうけられている．例えば「I インド諸語」の下には「I_1 ウルドゥー，ヒンドゥスターニー語」と「I_2 ヒンディー語」が割り当てられている．一方，「古典語」とされるサンスクリット語は，特に上位に置かれず，「I_6 サンスクリット語」として個別に配架されている（表2）．

　東京外国語大学附属図書館の言語分類は言語学的な系統にごく緩やかに沿いながらも，それらを厳密に階層化するものではない．基本的には学内に置かれた「専攻語」の枠組みを反映する便宜的なものといえよう．

　東京外国語大学でのインド諸語教育は1908年の東洋語速成科

表2 インド諸語の下位区分

［インド諸語］
1　ウルドゥー，ヒンドゥスターニー
2　ヒンディー，アワディー，ブラジ（ブラジバーシャー），ラージャスターニー，ボージプリー方言，パハーリー方言，マイティーリー，マールヴィー方言，バーンガルー方言
3　上記外印欧系諸語（ベンガル，オリヤー，マラーティー，グジャラーティー，シンハラ，ロマーニー，ネパーリー，スィンディー，カシュミーリー，コンカーニー，アッサム，パンジャービー，ドーグリー）
6　サンスクリット
7　プラークリット，パーリ，アパブランシャ
9　［ドラヴィダ諸語］

としての「ヒンドスターニー語（ママ）」の教授開始に遡る．そのため I_1 として蔵書群の基礎となるヒンドゥスターニー語が配置される．その後，1947年のインド・パーキスターンの分離独立を経て，学科が1961年に「インド・パーキスターン語学科」と改称されるのと前後して，学生は「ウルドゥー語」，「ヒンディー語」専攻に分けられることとなった．これらを背景として，ウルドゥー語が引き続き I_1 に，そして新たにヒンディー語とその諸方言が I_2 へ，その他のインド諸語は I_3 以降へと振り分けられたと考えられる[8]．

3．主題を巡る問題——言語と文学について

　ラベルの二段目に置かれるのは日本十進分類法新訂7版（NDC7）に基づく主題による分類である．ただし「言語」と「文学」については便宜的に独自の分類がなされている[9]．

　NDC7において言語学は8類（800番台）に分類される．特に日本語（810），中国語（820），英語（830），ドイツ語（840），フラ

ンス語（850），スペイン語（860），イタリア語（870），ロシア語（880）については，それぞれ2次区分を割り当てた詳細な規定がなされている．しかしながら，日本語および中国語以外の「東洋諸語」はすべて829，ロシア語以外のスラヴ諸語は889，その他のヨーロッパやアフリカ等の諸言語は890番台にまとめられている．

日本語以外のアジア系言語図書がそれぞれ約30％を占めている東京外国語大学の蔵書群においては，このNDC7の分類では不十分なものとなる．

東京外国語大学附属図書館新分類では言語学は「言語学（個別言語）」と「言語学（一般）」に分割する．前者に関してはラベル一段目の言語記号を「本文の言語」ではなく，「主題となる言語」と読み替えた上で，二段目の分類記号にはアルファベットのaと数字によるa0からa9までの分類記号が用いられる．

例えば，代表的なペルシア語辞典である黒柳恒男『新ペルシア語大辞典』（大学書林，2002）は，日本語で書かれたペルシア語辞典であるが，ラベル一段目の言語分類はA（日本語）ではなく，J_1（ペルシア語）の中の「個別言語」として「a3 辞典」に配架される．つまりペルシア語の学習者は，たとえヒンディー語で書かれたペルシア語辞典であろうとも「J_1」の書架に行けば目にすることができることとなる．一方，比較言語学的視点を持つ辞典である黒柳恒男『アラビア語・ペルシア語・ウルドゥー語対照辞典』（大学書林，2008）は，「本文の言語」に従い，言語分類はAとした上で「言語学一般」として「813 数ヶ国語対訳辞典・辞書学」（NDC7では「813辞典」）に配架される仕組みとなっている．

文学については，言語学とは異なる論理が用いられている．

NDC7では中国語を除くアジア文学を「929東洋文学」として包括し，少数点以下の下位分類として言語区分，次いで文学形式による区分を設けている．一方，「新分類」ではラベルの二段目の主題に「9□‐文学」とした上で，□を各言語によ

図2 「A/9G$_{21}$‐8/P186」に配架されたオルハン・パムクの邦訳資料

る文学を表すための記号をあてている．さらに個人作品（集）についてはラベル三段目に作家に固有の著者記号が付与される[10]．例えば，現代トルコを代表する小説家であるオルハン・パムクの作品については，二段目には「9G$_{21}$‐8」，三段目に著者記号「P186」が付与される（図2）．G$_{21}$に割り振られているのがトルコ語，P186がオルハン・パムクの固有番号である．作品は一段目に従い「記述言語（本文の言語）」毎に配架されるが，二段目と三段目により「原文の言語」毎に各作家の作品を書棚にまとめることが可能になっている．

4．地域に基づく分類――AA研分類

東京外国語大学附属図書館には「新分類」以外にも複数の分類体系が存在している．資料の来歴に応じて異なる分類法が用いられている．代表的なものは「アジア・アフリカ言語文化研究所分

類（以下，AA研分類）」である．1964年に東京外国語大学に附置された共同利用・共同研究拠点であるアジア・アフリカ言語文化研究所は2002年以降，研究所所蔵資料のうち一般図書を東京外国語大学附属図書館内に配架している[11]．

「AA研分類」は「新分類」とは対照的に，「地域」を分類の一段目の原理としているところに特徴がある[12]．地域の分類は研究所の設立の経緯からアジア，オセアニア，アフリカ地域に重点を置いた分類となっている．

一段目の「地域分類表」においては，「1 一般」，「2 通地域」を配置した上で，アジアおよびオセアニアについては「3 アジア」，その後，「4 東アジア」，「5 東南アジア」，「6 オセアニア」，「7 南アジア」，「8 北アフリカ西アジア」に分類する．アフリカについては「9 アフリカ」を置いた上で「11 東アフリカ」から「14 南アフリカ」に分類される．地域項目内の細分としては，複数の国家・地域をまとめたもの（8.2 イラン・アフガニスタンなど），単独の国家・地域を単位とするもの（5.6 ヴェトナムなど），単独の国家・地域内でさらに細分がなされているもの（7.1 インド，7.2 北インド，7.3 南インド），のように地域項目毎に別個の枠組みが置かれている[13]．

AA研分類は二段目の原理として置かれる「主題」についても独自の体系で行われている[14]．アルファベット順に「A 総記」，「B 科学総論」を置いた上で，「C 哲学」から「T 教育」まで人文・社会科学が置かれている．言語学・人類学・歴史学・地域研究に重点を置く研究所として特徴のある蔵書構成に対応したものとなっている．

5. 分類とローカルバリエーションについて

　上記で見てきたように，東京外国語大学附属図書館が持つ固有の分類体系は機関としての来歴，並びに研究・教育上の思想と深く関連している．既存の主要な分類法を利用しながらも，便宜的に独自のローカルバリエーションを加えている研究図書館は複数存在するが，その代表的な例が東京外国語大学附属図書館であるといえよう．

　東京外国語大学附属図書館では，ほとんどの資料が開架に配架されているため，図書館利用者はブラウジングしながら，関連する資料と出会うこととなる．主に「本文の言語」を第一原理としつつ，その下に主題を置く「新分類」の体系は，専攻語という仕組みを持つ大学において，最もイメージし易いであろう階層構造である．

　図書資料は「分類」によって定められた1つの場所に配架される．そのため分類者の想定を越えた学際的な資料の活用に際しては，必ずしも有効ではないかもしれない．件名などを利用した連想的な資料探索についても重要であろう．これについては稿を改めて考察することとしたい．

（謝辞）　本稿執筆にあたり，東京外国語大学附属図書館にご教示いただいた．

註
1)　　吉田ゆり子ほか，「通史」，東京外国語大学史編纂委員会編『東京外国語大学史：独立百周年（建学百二十六年）記念』東京外国語大学，1999，1-408.
2)　　http://www.tufs.ac.jp/library/gaiyo/toukei/toukei_holdings.pdf（参照 2020-1-20）

3) http://www.tufs.ac.jp/common/library/guide/bunrui/bunrui-j.html（参照 2020-1-20）

4) コレクションの概要については http://www.tufs.ac.jp/library/guide/zousho-j.html（参照 2020-1-20）を参照のこと．

5) 「旧分類」については 1917 年前後から利用されていたようである．木村晴茂「附属図書館」『東京外国語大学史』，pp. 1340-41．なおコレクションの概要として「旧分類コレクション紹介」『Castalia：東京外国語大学附属図書館報』25, 2018, p. 5, http://repository.tufs.ac.jp/handle/10108/92549（参照 2020-1-23）にも簡単な案内がある．

6) 「旧分類」から「新分類」への変更の経緯については，『『いままでの図書分類方法には不備があったため』戦前からの分類体系が全面的に改定された」とある．「新分類」は，言語と主題の組み合わせという「旧分類」の基本的な構造を引き継ぎつつ，言語記号を大幅に拡充するとともに，主題分類も十区分から千区分へとすることで，資料の増加に対応するものであった．『東京外国語大学史』，pp. 1343-1344.

7) http://www.tufs.ac.jp/library/guide/bunrui/gengo-j.html（参照 2020-1-20）

8) 鈴木斌「ヒンドスターニー語学科の時代」『東京外国語大学史』，pp. 1075-1082．鈴木斌，田中敏雄「新制大学におけるインド学科の発展と拡大」，同上書，pp. 1082-1097．なお 2012 年には新たにベンガル語専攻が創設された．

9) http://www.tufs.ac.jp/common/library/guide/bunrui/shudai-j.html（参照 2020-1-20）

10) 作家に固有の著者記号については「村上さんは M972 ～著者記号のはなし～」『Castalia：東京外国語大学附属図書館報』26, 2019, pp. 5-6．においても案内されている．http://repository.tufs.ac.jp/handle/10108/94110（参照 2020-1-23）

11) http://www.tufs.ac.jp/common/library/etc/AAshiryoshitsu.html（参照 2020-1-20）なお雑誌，新聞，貴重図書，一部の参考図書・大型本，マイクロ資料等は「AA 研文献資料室」に配架される．

12) http://www.tufs.ac.jp/common/library/etc/area.pdf（参照 2020-1-20）

13) なおヨーロッパ，アメリカ，極地帯についても「地域分類表」の 15 以降にそれぞれ，別個の番号が振られており，アジア・アフリカ以外の地域について分類・配架を妨げるものではない．

14) http://www.tufs.ac.jp/common/library/etc/subject.pdf（参照 2020-1-20）

参考文献

東京外国語大学ウェブサイト http://www.tufs.ac.jp（参照 2020-1-20）

東京外国語大学史編纂委員会（編）1999『東京外国語大学史：独立百周年（建学百二十六年）記念』，東京外国語大学.

東京外国語大学附属図書館『Castalia：東京外国語大学附属図書館報』，2001-2019.

〈コラム 2〉 国立国会図書館関西館アジア情報室所蔵資料の地域分類

澁谷由紀

1. はじめに——国立国会図書館関西館アジア情報室とは

国立国会図書館では，関西文化学術研究都市内（京都府相楽郡精華町）にある関西館アジア情報室で，東アジア（日本を除く），東南アジア，南アジア，中央アジア，中東・北アフリカに関する資料・情報を収集・提供している．

アジア情報室には，①中国語・朝鮮語の図書・年鑑，② 1986年以降に受け入れられたアジア諸言語（中国語・朝鮮語以外）の図書・年鑑，③中国語・朝鮮語を含むアジア諸言語の雑誌・新聞，④日本語，欧文のアジア関係資料（図書・年鑑・雑誌・新聞）が所蔵されている．所蔵資料数は図書約 49 万冊，雑誌・新聞約 9,100 タイトルである（2019 年 11 月現在）．関西館地下 1 階の大閲覧室の中で，アジア情報室は西側 4 分の 1 強を占め，約 3 万冊の参考図書や基本図書，約 1,150 タイトルの雑誌，新聞が開架式で提供されている（同上）．なお，1985 年以前に受け入れたアジア諸言語資料（中国語・朝鮮語以外），地図，法令議会資料，児童書，漢籍・朝鮮本等は東京本館（東京都千代田区永田町）または国際子ども図書館（東京都台東区上野公園）が所蔵しており，関西館アジア情報室には所蔵されていないので，利用の際には注意が必要であ

る．

　アジア情報室の沿革は下記のとおりである．アジア情報室の起源は国立国会図書館に 1948 年に設置された中国資料閲覧室である．この中国資料閲覧室は幾度の変遷を経て，1986 年に東京本館内のアジア資料室として改組された．さらに 2002 年の関西館開館を機に，アジア資料室の後継としてアジア情報室が関西館内に設置された．2014 年には，1985 年以前受入の中国語・朝鮮語図書約 4 万 6,000 冊が東京本館から移送され，漢籍・朝鮮本（と法令議会資料・地図・児童書）を除くすべての中国語・朝鮮語資料がアジア情報室で閲覧可能となった．

2. 国立国会図書館分類表——国番号と地理区分

　関西館アジア情報室は国立国会図書館に所属しているため，その蔵書は一館分類表である国立国会図書館分類表（National Diet Library Classification，略称 NDLC）によって分類される．

　国立国会図書館分類表の特徴は，第一に，蔵書構成を反映して社会科学部門に重点を置いていること，第二に，資料の配架位置を分類記号で表現できるようにしたこと，第三に所蔵資料の増加に対応できるようアルファベットと整数の混合型非十進法を採用していることである．

　たとえば，まず体系については，「A 政治・法律・行政」「B 議会資料」「C 法令資料」「D 経済・産業」「E 社会・労働」「F 教育」「G 歴史・地理」「H 哲学・宗教」「K 芸術・言語・文学」「M ～ S 科学技術」「U 学術一般・ジャーナリズム・図書館・書誌」「V 特別コレクション」「W 古書・貴重書」「X 関西館配置

資料」「Y 児童図書・簡易整理資料・教科書・専門資料室資料・特殊資料」「Z 逐次刊行物」といったように，20部門に分類し，AからZのアルファベット1字で表している．この分類体系には，主題によらない7部門（B，C，V，W，X，Y，Z）が含まれている．これは，別置記号なしに管理上，利用上必要な資料群を形成し，その配架位置を明確に指示するためである．分類体系の最初となるAについては，国会に所属する図書館であるために，「政治・法律・行政」の部門が割り当てられている．また，ほかの社会科学の諸部門についても，分類体系の前半部に割り当てられている．たとえば「B 議会資料」と「C 法令資料」は，「A 政治・法律・行政」との密接な関係を考慮してAのあとに位置づけられている．またその他の部門（V，W，X，Y，Z）はすべての主題と関わるため，主題別部門のあとに位置づけられている．

　地理区分については，AからZまでの20部門に分類した後に行われること，部門によって使用される地理区分が異なることが特徴である．たとえば，もっとも重要なコレクションである「A 政治・法律・行政」と，その形式別部門であるB，C等については，附表第1の国名記号によって地理区分される．附表第1の国名記号は，その国名の頭字1字を利用したものであり，現存しない国についても国名記号が設定されている．たとえばベトナムについては，「ベトナム」がV3，「ベトナム民主共和国（1945-1976）」がV4，「ベトナム共和国（1955-1975）」がV5，「ベトナム社会主義共和国（1976-）」がV4である．別に「仏領インドシナ（1887-1954）」という区分もある（I3）．ベトナムという地域一般がV3，いわゆる北ベトナムと現政権がV4，いわゆる南ベトナムがV5，植民地期はI3というわけである．

「A　政治・法律・行政」と，その形式別部門であるB，C以外の部門は，特段分類表中に指示がなければ附表第 1 の国名記号は使用されず，それぞれの部門ごとに精粗の異なる地理区分が設定されている．たとえば「D　経済・産業」の中の「DC　経済史・事情」では，「231　インドシナ」の中に「ヴェトナム」（ママ），「ラオス」，「カンボジア」が一緒にされているし，241 は「マレーシア」と「マライ半島」が対象になっており，地理区分は緩やかである．対して「G　歴史・地理」は相当に細かい地理区分が設けられている．たとえば「GE　アジア」の下には「521　インドネシア」があるが，その下位は，「523　独立まで」「525　独立後」という時代別区分があるうえ，「528　ジャワ」「529　スマトラ」「531　ボルネオ」「535　その他の各地」という地理区分がされている．ジャワ，スマトラ，ボルネオがそれぞれ島の名前であることからわかるように，この地理区分は必ずしも国民国家単位ではない．たとえば「531　ボルネオ」にはブルネイが収められる旨注記があるので，附表第 1 の国名記号が存在するブルネイ（B9）は「531　ボルネオ」に収められる．一方，東ティモール（T13）は「535　その他の各地」に分類される．

　以上をまとめると，国番号を使用することで国家単位の資料群の形成を可能にする一方，各種の地理区分をも設定することで資料の性質や点数に柔軟に対応するというのが，NDLC の考え方であるといえよう．

　なお，NDLC のなかで，とくに関西館アジア情報室に関係する部門としては，「X　関西館配置資料」と「Y　児童図書・簡易整理資料・教科書・専門資料室資料・特殊資料」がある．「X　関西館配置資料」には関西館の書庫に配置される資料のうち，和図書，

洋図書および一部の中国語図書が収められる．Xの中は大きく
XA〜XE（和図書）と洋図書（XG〜XM），「XP 上海新華書店旧
蔵書」（中国語図書のうち児童書以外）に区分される（上海新華書店旧
蔵児童書は児童書のためYXPとなる）．XPの下位は，縦20cm未満
の資料がXP-A-1〜，縦20cm以上27cm未満の資料がXP-B-1
〜といった具合に大きさで分類される．一方，「Y 児童図書・簡
易整理資料・教科書・専門資料室資料・特殊資料」には，専門資
料室資料という区分の下の「711〜799 アジア諸言語資料」とい
う区分があり，1986年以降に受入された中国・朝鮮語資料を除
くアジア諸言語資料が言語別に分類されている．「711〜799 ア
ジア諸言語資料」の下位分類については，まず2011年度までに
受入された資料には著者のアルファベットが，2012年度以降に
受入された資料には一律に「TS」が付与され，さらにその下に
は受入順の数字が付く．大きさによる区分，受入時期による分類
の使い分けからは，国立国会図書館が目の前にある膨大な資料を
いかに効率的に分類するのかという点を重視していることがわか
る．

3. 関西館アジア情報室の開架資料の配架
——地理区分の優先

アジア情報室の開架資料はNDLCに従って配架してもよいわ
けであるが，大部分のアジア関係の資料の配架場所を決めるため
に優先されているのはNDLCではなく地理区分をベースにした
棚番号（棚番号30bから37b）と書架サイン（分類表示板など）であ
る（「大部分の」と書いたのは，辞書や新聞は言語別に配架されているか

らである）．この棚番号は NDL ONLINE（国立国会図書館オンライン，
NDL-OPAC の後継サービス）上にも大部分の資料については表示
されており，一部は「アジア情報室資料配置図」としてウェブサイ
ト上で公開されている（図1：アジア情報室における資料の配置）．
それぞれの棚には，主題や地理を示す書架サインが設置されてい
る．筆者が調査した限り，書架サインは下記のとおりである．

「30b コリア」は，下位区分が「政治・行政」「法律」「経済・
産業」「企業名鑑」「統計」「経済・産業」「社会・労働」であり，
続いて「31a コリア」は「社会保障」ではじまり「環境」「労働」
「教育」「体育・スポーツ」「歴史」「歴史辞典」「年鑑」「地域別年
鑑」「年表」「地名辞典」「人名辞典」「通史」「李朝前」「李朝時
代」「日本統治時代」「独立以降」「朝鮮戦争」と続き，「大韓民
国」「朝鮮民主主義人民共和国」で終わる．さらに「31b コリア」
は「地誌・紀行・風俗」から開始する．この分類を見る限り，
「A 政治・法律・行政」からはじまる NDLC の 20 部門に原則と
して沿った形で分類されているのがわかる．ここでは，朝鮮民主
主義人民共和国の資料も，主題ごとに韓国の資料と混ぜて配架さ
れている（棚 31a には「朝鮮民主主義人民共和国」のサインがあるが，
ここには，朝鮮の各時代史のうち 1945 年以降の朝鮮民主主義人民共和国
に分類される資料が配架されている）．「中国」の資料も「コリア」
の資料と類似する方法で配架されている．

一方，「東南アジア」と「南アジア」の書架サインは現在の国
民国家をベースとした分類である．たとえば「東南アジア」は
「35b 東南アジア」が「東南アジア」，「36a 東南アジア」が「フ
ィリピン」「インドネシア」「東ティモール」「マレーシア」「シン
ガポール」「ブルネイ」「ラオス」「ミャンマー」（ママ，なお附表

第1ではミャンマーは「ビルマ（B12）」と表記されている）「カンボジア」「ベトナム」「タイ」である．

　「西アジア」も基本的に現在の国民国家をベースとした分類だが，「36b　西アジア」の冒頭には「西アジア全般」（この下に〈地理・歴史〉〈哲学〉〈イスラム教〉），「西アジア全般−イスラム教」「芸術・科学技術・学術一般」が設定され，続いて「トルコ」「キプロス」「イラン」「イスラエル」等の地理区分が設定される．「西アジア」に関する資料には，「西アジア」全体の歴史，哲学，宗教，芸術等を扱った資料が多いという事情に対応しているのだろう．

　以上をまとめると，関西館アジア情報室の開架資料の配架方法は，原則として書架サインによる地理区分が優先されること，地理区分は資料点数や各地域の事情に応じて柔軟に設定されていることがわかる．

4.　おわりに

　地域研究者にとって，自分になじみのある地域がどのように分類されているのかは気になるものだ．たとえば日本十進分類法（NDC，新訂9版）では，「223　東南アジア」，「224　インドネシア」（字下げあり），「225　インド」と続き，「224　インドネシア」の下位に「224.8　フィリピン」がくるが，このことを知れば，東南アジア研究者の多くは驚き，NDC編纂の経緯について興味を抱くだろう．しかし，NDLCや関西館アジア情報室の開架資料の配架方法を見て感じるのは，国民国家や地理学的区分といったなんらかの統一的な論理で「きれいに」地域分類をすることは難しいこ

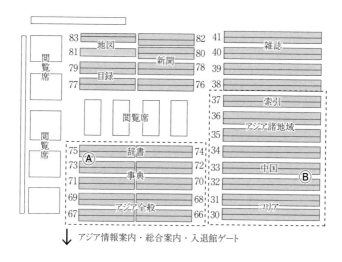

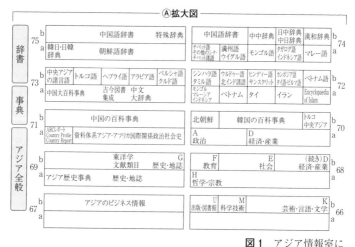

図1　アジア情報室に

出所　国立国会図書館関西館アジア情報課提供「アジア情報室資料配置図」の一部に筆者が

索引

	37b	中国雑誌索引	中国新聞索引		人民日報縮刷版	コリア雑誌索引	コリア新聞索引		中央アジア
	37a	西アジア全般イスラム教	トルコ	イラン	イスラエル	アラブ諸国		北アフリカエジプト	マグリブ諸国

アジア諸地域

	36b	西アジア全般						インド	
	36a	ベトナム		タイ	南アジア全般			スリランカバングラデシュパキスタン	ブータンネパールアフガニスタンモルディブ

	35b	ブルネイラオスミャンマーカンボジア	シンガポール	マレーシア	東ティモール	インドネシア	フィリピン		東南アジア全般
	35a	R 動物植物	S 医学	SD 薬学	U 学術・出版	図書館書誌学	書誌・目録	叢書・全集	モンゴル

中国

	34b			M 科学技術	漢詩大観	現代文学			中国文学漢詩
	34a	仏教	道教	K 芸術	建築絵画	書	音楽・演劇	言語文学一般	文学書誌	文学辞典

	33b			H 哲学	台湾	香港マカオ	地方史・誌	現代	近代
	33a	歴史辞典年表	地名辞典	人名事典	考古学	通史	二十五史	時代史(近代以前)	

	32b		歴史書誌	G 歴史・地誌	F 教育		E 社会		DT 統計
	32a	A-C 政治・行政・法律		法令集	D 経済・産業	企業名鑑経済事情	華僑投資・貿易	産業別	香港・マカオ台湾

コリア

	31b		出版・図書館	M-S 科学技術	文学	言語	K 芸術	哲学・宗教	H 地誌伝記
	31a	(続き)E 社会	F 教育	G 歴史・地誌	歴史書誌歴史辞典	年鑑	人名事典	通史	日本統治期朝鮮戦争	現代

	30b	E 社会	DT 統計	企業名鑑	D 経済・産業			A-C 政治・行政・法律
	30a							

おける資料の配置

加筆.

と，図書館の分類は所蔵資料の構成や時代の変化に柔軟に対応せ
ざるをえないということである．東京大学アジア研究図書館の分
類については，理想的な地域分類や主題分類などありえないとい
う「開き直り」と，メンテナンスの「覚悟」が必要であろう．

（謝辞）　本稿執筆にあたり南亮一氏をはじめとする国立国会図書館関西館アジア
　　　情報課のみなさまから貴重な情報とご意見をいただいた．心より御礼申し上
　　　げる．

参考文献

国立国会図書館『アジア情報室所蔵資料の概要』．https://rnavi.ndl.go.jp/asia/
　　entry/asia-02data.php（参照 2019-12-12）

国立国会図書館『書誌データ作成ツール：国立国会図書館分類表（National Diet
　　Library Classification: NDLC）』．https://www.ndl.go.jp/jp/data/catstandards/
　　classification_subject/ndlc.html（参照 2020-1-14）

国立国会図書館『アジア情報室所蔵資料の概要：コレクション：上海新華書店旧
　　蔵書』．https://rnavi.ndl.go.jp/asia/entry/shinka.php（参照 2020-1-14）

富窪高志 1995：「国立国会図書館のアジア情報の収集と提供：関西館アジア文献
　　情報センター設立に向けて」『国立国会図書館月報』458: 2-9. https://rnavi.
　　ndl.go.jp/asia/entry/geppo458.php（参照 2020-1-14）

もりきよし（原編）1995：『日本十進分類法』新訂 9 版，日本図書館協会．

〈コラム 3〉 みんぱく図書室の OWC 分類について

坪井祐司

　国立民族学博物館（大阪府吹田市）のみんぱく図書室は，文化人類学・民族学に関連した図書・雑誌・マイクロフィルムなど，約 67 万点におよぶ資料を所蔵しており，当該分野の図書館としては国内有数の規模である（みんぱく図書室ウェブサイト）．資料は 100 以上の言語にまたがっており，年間約 40 言語，4,000 冊の資料の受入を行っている（みんぱく図書室のご教示による）．

　図書室は，一般の利用者にも開放されている（開室時間は 10 〜 17 時，水曜，日曜・祝日および博物館休館日は休室）．図書館の 5 層からなる書庫は一部をのぞいて開架式で，直接資料を手に取って閲覧することができる．利用者登録をすれば，資料の貸出も可能である．

　この図書室の特徴は，OWC（Outline of World Cultures）と呼ばれる分類を採用していることである．所蔵図書のラベルは 3 段または 4 段で構成されており，1 段目が OWC，2 段目が NDC（和書・中国語・韓国語）または DDC（洋書），3 段目が著者記号，4 段目がその他の情報となっている（図1）．すなわち，OWC が最優先の分類であり，その分類に従って配架されているのである．利用者は，OPAC の検索で目当ての資料の OWC 分類を調べ，書架を探すことになる．

　以下，表1をもとにこの OWC 分類について紹介したい．OWC

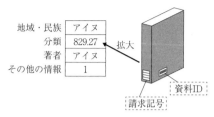

地域・民族	アイヌ
分類	829.27
著者	アイヌ
その他の情報	1

拡大

資料ID
請求記号

図1 ラベルの例

とは，アメリカのイェール大学で考案された世界の民族・地域の分類法である．OWC は，HRAF（Human Relations Area Files）と呼ばれる世界の民族・文化の比較研究のための統合ファイル資料の分類として考案された．みんぱく図書室には，HRAF のファイルが集められた HRAF 室も設置されている（HRAF ファイルおよび OWC 分類については，稲葉（2008）もあわせて参照のこと）．

分類の考案者であるマードック（G. P. Murdock）による『Outline of World Cultures（第 6 版）』（1983 年）においては，2,300 あまりの地域や民族がコード化されている（Murdock 1983）．

表1 みんぱく図書室　OWC 分類表　　　2018 年 7 月現在

OWC	地域・民族　World Cultures	層 Level
W	世界［World］	3 層
A	アジア［Asia］	
AA	朝鮮半島［Korea］	
AB	日本［Japan］，都道府県別［Prefectures］	4 層
AB6	アイヌ［Ainu］	
AD	台湾［Formosa］	3 層
AE	中国大陸［Greater China］	
AF	中国［China］	
AG	満州［Manchuria］	
AH	モンゴル［蒙古 Mongolia］	
AI	シンティアン［新疆 Sinkian］	
AJ	チベット［Tibet］	
AK	ヒマラヤの諸国［Himalayan States］	
AL	東南アジア［Southeast Asia］	
AM	インドシナ［Indochina］	
AN	マレー［Malaya］	4 層

OWC	地域・民族　World Cultures	層 Level
AO	タイ［Thailand］	
AP	ビルマ［Burma］	
AQ	インド亜大陸［Greater India］	
AR	アッサム［Assam］	
AS	バングラデシュ［Bangladesh］	
AT	パキスタン［Pakistan］	4層
AU	アフガニスタン［Afghanistan］	
AV	ジャム・カシミール［Jammu and Kashmir］	
AW	インド［India］	
AX	セイロン［Ceylon］	
AY	アジアの植民地［Minor Asiatic Colonies］	
AZ	アジアの島々［Asiatic Islands］	
E	ヨーロッパ［Europe］	
EA	ポーランド［Poland］	
EB	チェコスロバキア［Czechoslovakia］	
EC	ハンガリー［Hungary］	
ED	ルーマニア［Romania］	
EE	ブルガリア［Bulgaria］	
EF	ユーゴスラビア［Yugoslavia］	
EG	アルバニア［Albania］	
EH	ギリシア［Greece］	
EI	イタリア［Italy］	
EJ	スイス［Switzerland］	
EK	オーストリア［Austria］	
EL	ドイツ［Germany］	
EM	デンマーク［Denmark］	5層
EN	スウェーデン［Sweden］	
EO	フィンランド［Finland］	
EP	ノルウェー［Norway］	
EQ	アイスランド［Iceland］	
ER	アイルランド［Ireland］	
ES	連合王国［United Kingdom］	
ET	オランダ［Netherlands］	
EU	ルクセンブルク［Luxembourg］	
EV	ベルギー［Belgium］	
EW	フランス［France］	
EX	スペイン［Spain］	
EY	ポルトガル［Portugal］	
EZ	ヨーロッパの島々［European Islands］	
F	アフリカ［Africa］	
FA	西アフリカ［West Africa］	
FB	ギニアビサオ［Guinea-Bissau］	
FC	シエラレオネ［Sierra Leone］及びガンビア［The Gambia］	
FD	リベリア［Liberia］	5層
FE	ガーナ［Ghana］	
FF	ナイジェリア［Nigeria］	
FG	赤道ギニア［Equatorial Guinea］	
FH	カメルーン［Cameroon］	

OWC	地域・民族　World Cultures	層 Level
FI	西赤道アフリカ［Western Equatorial Africa］	
FJ	ナイロート系スーダン［Nilotic Sudan］	
FK	ウガンダ［Uganda］	
FL	ケニア［Kenya］	
FM	ザンジバル［Zanzibar］	
FN	タンガニーカ［Tanganyika］	
FO	ザイール［Zaire］	
FP	アンゴラ［Angola］	
FQ	ザンビア［Zambia］	
FR	マラウイ［Malawi］	5層
FS	ジンバブエ［Zimbabwe］	
FT	モザンビーク［Mozambique］	
FU	スワジランド［Swaziland］	
FV	ボツワナ［Botswana］	
FW	レソト［Lesotho］	
FX	南アフリカ［South Africa］及びナミビア［Namibia］	
FY	マダガスカル［Madagascar］	
FZ	アフリカの島々［African Islands］	
M	中東［Middle East］	
MA	イラン［Iran］	
MB	トルコ［Turkey］	
MC	キプロス［Cyprus］	
MD	シリア［Syria］	
ME	レバノン［Lebanon］	
MF	イスラエル［Israel］	
MG	ヨルダン［Jordan］	
MH	イラク［Iraq］	
MI	クウェート［Kuwait］	
MJ	サウジアラビア［Saudi Arabia］	
MK	オマーン［Oman］	
ML	イエメン［Yemen］	
MM	アデン［Aden］	5層
MN	エリトリア［Eritrea］	
MO	ソマリランド［Somaliland］	
MP	エチオピア［Ethiopia］	
MQ	アラブ・スーダン［Arab Sudan］	
MR	エジプト［Egypt］	
MS	サハラ［Sahara］及びスーダン［Sudan］	
MT	リビア［Libya］	
MU	チュニジア［Tunisia］	
MV	アルジェリア［Algeria］	
MW	モロッコ［Morocco］	
MX	スペイン領モロッコ［Spanish Morocco］	
MY	西サハラ［Western Sahara］	
MZ	中東の島々［Middle East Islands］	
N	北アメリカ［North America］	
NA	アラスカ［Alaska］	5層
NB	グリーンランド［Greenland］	

OWC	地域・民族　World Cultures	層 Level
NC	カナダ [Canada]	
ND	北部カナダ [Canada]	
NE	ブリティッシュ・コロンビア [British Columbia]	
NF	プレーリー諸州 [Prairie Provinces]	
NG	オンタリオ [Ontario]	
NH	ケベック [Quebec]	
NI	ニューファンドランド [Newfoundland]	
NJ	海岸諸州 [Maritime Provinces]	
NK	アメリカ合衆国 [United States]	
NL	ニュー・イングランド [New England]	
NM	大西洋沿岸中部諸州 [Middle Atlantic States]	
NN	南東部諸州 [Southeastern States]	
NO	南部中央諸州 [South Central States]	5層
NP	東部中央諸州 [East Central States]	
NQ	西部中央諸州 [West Central States]	
NR	北西部諸州 [Northwestern States]	
NS	カリフォルニア [California]	
NT	南西部諸州 [Southwestern States]	
NU	メキシコ [Mexico]	
NV	ユカタン [Yucatan]	
NW	グアテマラ [Guatemala]	
NX	ベリーズ [Belize]	
NY	核アメリカ [Nuclear America]	
NZ	北アメリカの島々 [North American Islands]	
O	オセアニア [Oceania]	
OA	フィリピン [Philippines]	
OB	インドネシア [Indonesia]	
OC	ボルネオ [Borneo]	
OD	スマトラ [Sumatra]	
OE	ジャワ [Java]	
OF	小スンダ列島 [Lesser Sundas]	
OG	セレベス [Celebes]	
OH	モルッカ諸島 [Moluccas]	
OI	オーストラリア [Australia]	
OJ	ニューギニア [New Guinea]	
OK	メラネシア [Melanesia]	
OL	マッシム [Massim]	5層
OM	ビスマーク群島 [Bismarck Archipelago]	
ON	ソロモン諸島 [Solomon Islands]	
OO	ニュー・ヘブリディズ [New Hebrides]	
OP	ニューカレドニア [New Caledonia]	
OQ	フィジー [Fiji]	
OR	ミクロネシア [Micronesia]	
OS	ポリネシア [Polynesia]	
OT	ポリネシア・アウトライアー [Polynesian Outliers]	
OU	西ポリネシア [Western Polynesia]	
OV	アメリカ合衆国領ポリネシア [American Polynesia]	
OW	イギリス領ポリネシア [British Polynesia]	
OX	フランス領ポリネシア [French Polynesia]	

OWC	地域・民族　World Cultures	層 Level
OY	イースター島 [Easter Island]	5層
OZ	ニュージーランド [New Zealand]	
R	ロシア [Russia]	
RA	ヨーロッパ・ロシア [European Russia]	
RB	バルト海沿岸諸国 [Baltic Countries]	
RC	ベロルシア [Belorussia]	
RD	ウクライナ [Ukraine]	
RE	モルダビア [Moldavia]	
RF	大ロシア [Great Russia]	
RG	フィン・ウゴル [Finno-Ugrians]	
RH	カフカス [Caucasia]	
RI	グルジア [Georgia]	
RJ	アルメニア [Armenia]	
RK	アゼルバイジャン [Azerbaijan]	
RL	ソビエト連邦中央アジア [Russian Central Asia]	
RM	トルクメニスタン [Turkmenistan]	5層
RN	ウズベキスタン [Uzbekistan]	
RO	タジキスタン [Tadzhikstan]	
RP	キルギスタン [Kirgizstan]	
RQ	カザフスタン [Kazakhstan]	
RR	シベリア [Siberia]	
RS	アルタイ地方 [Altai Region]	
RT	中央シベリア [Central Siberia]	
RU	北シベリア [Northern Siberia]	
RV	ヤクーチャ [Yakutia]	
RW	ソビエト連邦モンゴル [Russian Mongolia]	
RX	南東シベリア [Siberia]	
RY	北東シベリア [Siberia]	
RZ	ロシアの島々 [Russian Islands]	
S	南アメリカ [South America]	
SA	中央アメリカ [Central America]	
SB	パナマ [Panama]	
SC	コロンビア [Colombia]	
SD	エクアドル [Ecuador]	
SE	ペルー [Peru]	
SF	ボリビア [Bolivia]	
SG	チリ [Chile]	
SH	パタゴニア [Patagonia]	
SI	アルゼンチン [Argentina]	5層
SJ	ウルグアイ [Uruguay]	
SK	パラグアイ [Paraguay]	
SL	ブラジル [Brazil]	
SM	ブラジル南部 [South Brazil]	
SN	ブラジル東部 [East Brazil]	
SO	ブラジル北東部 [Northeast Brazil]	
SP	マット・グロッソ [Mato Grosso]	
SQ	アマゾニア [Amazonia]	
SR	ギアナ [Guiana]	

OWC	地域・民族　World Cultures	層 Level
SS	ベネズエラ [Venezuela]	
ST	小アンティル諸島 [Lesser Antilles]	
SU	プエルトリコ [Puerto Rico]	
SV	ヒスパニョーラ [Hispaniola]	5層
SW	バハマ [Bahamas]	
SX	キューバ [Cuba]	
SY	ジャマイカ [Jamaica]	
SZ	南アメリカの島々 [South American Islands]	

　OWCでは，まず，世界を8つの地域に分け，それぞれローマ字を割り当てる（W：世界，A：アジア，E：ヨーロッパ，F：アフリカ，M：中東，N：北米，O：オセアニア，R：ロシア，S：南米）．ただし，一般的には東南アジアと見なされるフィリピン（OA），インドネシア（OB）などの島嶼地域は，オセアニアに分類されている．

　そして，これらの地域を主に政治的・歴史的な単位にもとづいて再分類する．これがローマ字の2文字目となる．たとえば，東アジアでいえば，AAが朝鮮半島，ABが日本，ADが台湾，AFが中国などとなっている．

　さらに，そこから各地域の文化を考慮して，再再分類する．（より小さな）地域，民族，時代などにもとづき，数字を付与していくのである．このため下位分類には，さまざまな要素が混在することになる．

　たとえば，日本（AB）には，江戸時代（AB2）などの時代，アイヌ（AB6）などの民族，伊豆（AB7）などの地域の下位分類が含まれている．

　中国（AF）では，AF2 ～ 10は中国の先史時代から清代までの時代別の分類，AF12 ～ 17は中国の地域別の分類，AF18は中華人民共和国の成立（1949年）後の中国となっている．中国地域の諸民族については，AE（中国大陸）のなかで分類されている．

分類には，現在の国家の領域とは重ならない部分もある．アメリカ，ロシア，中国などの広大な多民族国家は，複数の分類を持つ．たとえば，現在の中華人民共和国の領域のなかには，満洲（AG），新疆（AI），チベット（AJ）のように，別に分類される地域がある．

　逆に，現在は一国を形成するベトナム（AM11），ラオス（AM8），カンボジア（AM4）は，インドシナ（AM）の下位分類となっている．AM のなかには，チャム（AM5），ムオン（AM10）といったこの地域の少数民族の下位分類も設けられているほか，分裂国家の時代の北ベトナム（AM12），南ベトナム（AM13）という下位分類もある．

　現在でいえば複数の国家にまたがる広い地域を支配した大帝国は，基本的には現在の民族の系譜からたどる．たとえば，3世紀から1911年までのモンゴルの歴史（AH2）はモンゴル（AH），古代ペルシャ（アレクサンドロスの遠征まで）の歴史（MA4）はイラン（MA）の下位分類となっている．ただし，オスマン朝（14～19世紀，M2）については，トルコ（MB）ではなく，中東（M）全体の下位分類となっている．

　民族，文化を重視しつつも，それ以外にもさまざまな研究のニーズに応えられるよう工夫された分類といえるだろう．

（謝辞）　本章の執筆にあたり，国立民族学博物館みんぱく図書室にご教示いただいた．

参考文献

稲葉洋子 2008：「HRAF と国立民族学博物館所蔵図書の分類」『情報の科学と技術』58（2）: 64-70. https://www.jstage.jst.go.jp/article/jkg/58/2/58_KJ00004841767/_pdf/-char/ja（参照 2020-1-10）

みんぱく図書室ウェブサイト　http://www.minpaku.ac.jp/research/sharing/
　　library
Murdock, G.P. 1983: *Outline of World Cultures* (*6ᵗʰ rev ed*). New Haven: Human
　　Relations Area Files.

第Ⅱ部　分類の過去，現在，未来を考える

第4章　漢籍分類の変遷
——近代日本における四部分類への「回帰」

永田知之

1.　はじめに

　今日，公私の図書収蔵機関では多く十進分類法，または LCC，即ち米国議会図書館分類表（The Library of Congress Classification）に基づいて書籍が分類されている．日本についていえば，米国のメルヴィル・デューイ（Melvil Dewey, 1851-1931）が 1876 年に創案した DDC（The Dewey Decimal Classification）に淵源を持つ NDC こと日本十進分類法（The Nippon Decimal Classification）が，図書分類で最も広く用いられている．アメリカ合衆国の支配層がヨーロッパと文化上の背景を共有することや近代日本が欧米の文化を摂取したことは，贅言を要さない．この点は，西洋文化圏や明治以降の日本で著された大多数の書籍を位置付けるのにアメリカより受け入れた分類法が最適だった事実を，同時に意味する．言い換えると前近代，あるいは欧米以外で作られた文献を十進分類の各所へ配することには，相応の困難が存したと考えられる．漢籍は，まさしくその典型だった．

　前近代において中国の学問・学術は，日本文化を支える主柱の一つであった．日本の知識人にとっては，多かれ少なかれ漢学の素養は，自らの血肉と化していた．明治に至って，彼らはそれを

自己から切り離して，客体化することを迫られる．例えば文学一つを取っても，そこから漢詩文の要素を析出しないと，近代の国民国家に相応しいとされた「国文学」という概念を創出できなかったからである（齋藤 2005: 2-46）．かくして西洋文化の受容は，同時に日本人が中国の古典と距離を取る結果をもたらした．しかし江戸時代以前から日本には大量の漢籍（中国語古典文で主に中国人によって作られた書籍）が存在しており，近代の図書館制度が確立される中で，それらを目録に記載する必要が生じる．西洋文明からは言うまでもないが，近代の日本人にとってもやはり「他者」となった漢籍は目録の上でどう処理されたのか．小文はこの点について若干の事例を用いつつ，また四部分類を通して，ごく粗雑な素描を試みようというものである．

以下，次節では明治期の，第3節では民国期中国の，第4・第5両節では大正期以降の関連する諸事象を概観する．その後の最終節で当面の結論を示したい．

2. 明治前期の書目における漢籍の位置

まず，明治初期の図書館での蔵書分類における漢籍の扱いを簡単に見ておく．明治9（1876）年に中村謙編『東京書籍館書目』，久保譲次編，中村謙校『同 内国新刊・和漢書之部』第1輯が東京書籍館（後の帝国図書館）より刊行されている．後者が「和漢書之部」と題され，また別に洋書を扱う "A Classified Catalogue of the Books in the English, French and German Languages of the Tokio Shoseki-kwan or Tokio Library" が同館から同年に出版されているので，二種の『東京書籍館書目』が対象とする書籍が和

書と漢籍だったということは，言を俟たない．

　ここに挙げた『東京書籍館書目』のうち，前者は江戸時代以前の，後者は明治に入って書写・刊行された書籍を著録する．前者は対象とする書籍を和書之部と漢書之部に分かち，各々に下位分類を設けている．まずその巻首Ⅵ〜Ⅶ頁に見える「凡例七則」から第二・三則を引用する．

　　　凡ソ本邦ノ文字体裁ヲ用ユルモノヲ和書トシ支那ノ文字体裁ヲ用ユルモノヲ漢籍トス和漢ノ文字体裁ヲ互用スル明律国字解ノ如キハ其本文ヲ主トスルカ故ニ漢籍トス
　　　書類ヲ分テ六門トシ六門中又小科目ヲ設クルモノハ泰西各国書籍院書籍部分ノ法ニ倣フナリ然レ圧或ハ四庫全書簡名目録等ヲ斟酌スルモノ無キニ非ス

　原文のとおり，句読点を附さないで掲出した．和書・漢籍共に独自の六門分類が用いられている．これが，近代日本で最初の公的機関における古典籍を対象とした図書分類であった[1]．そこにジャック・シャルル・ブリュネ（Jaque Charles Brunet, 1780-1867）やウィリアム・トーリー・ハリス（William Torrey Harris, 1835-1909）による分類法の他，四部分類の影響を見出す指摘は，夙に提起されている（小林 2007: 111）．その点は，四部分類を用いた清代の『四庫全書簡明目録』に拠ると「凡例」第三則にも明記される．同書巻首Ⅷ〜Ⅸ頁「目次」に「和書之部」に続いて掲げられる「漢書之部」の細目を，次に挙げておく．

　　　第一門　五経　四書　孝経　総経　儒家　諸子　釈教　西教

第二門　政書　職官　礼度　奏議　教育
　　第三門　天文学　数学　博物学　医学　兵学　農学　術数
　　第四門　別集　総集　墨蹟　作詩作文　目録　小説
　　第五門　正史　編年　別史　伝記　史抄　雑史　史評　紀行
　　　　　　年表　譜録　考証　地理
　　第六門　叢書　類書　字書　新聞雑報

　第一門以下，順に思想・宗教，制度・教育，自然科学・応用科学，文学，歴史，叢書などを各門に配していることが窺われる．和書之部についても，これは等しい．前例の無い新たな区分だが，その一方で中国における漢籍目録法の伝統も，ここには見て取られる．清朝が乾隆 39（1774）年に完成させた『四庫全書簡明目録』は後で触れる『四庫全書総目』の簡略版だが，伝統的な四部分類に基づくことと勅撰書の権威が相俟って，相応の影響力を有した漢籍目録で，江戸時代の和刻本も存在する（長澤 2006: 92）．

　第二門や第五門が含む「政書」などの下位分類は，ほとんどがこの『四庫全書簡明目録』の史部に類（部の下の分類）として見られる．これら六門の下位には，従来の四部分類で馴染み深い部立てが，他にも少なくない．第三門は「天文学」のように明治以降，学問の分野として用いられる言葉を含んでいるが，末尾の「術数」は占術等の書籍を置く場に，四部分類で長く用いられたごく古い呼称である．この『東京書籍館書目』に対して『同　内国新刊・和漢書之部』第 1 輯は明治元（1868）年以降に著述・翻訳，出版・再刊され，東京書籍館が入手した文献を対象とする．

　　第一門　性理　修身　致知　神学　敬神　五経　四書　孝経

　　　　儒家　　諸子　　釈教　　西教

　第二門　政書　職官　礼度　詔令　交際　教育　通商

　第三門　天文学　数学　博物学　医学　兵学　航海学　工学

　　　　農学　術数

　第四門　歌集　俳諧　別集　総集　書学　画学　作詩作文

　　　　尺牘　音楽　小説　小技

　第五門　編年　伝記　雑史　紀行　年表　考証　地理

　第六門　叢書　類書　字書　雑著　新聞雑報

　『東京書籍館書目　内国新刊・和漢書之部』第1輯巻首Ⅷ頁「目
次」に見られる分類の細目を掲げた．先に見た『東京書籍館書
目』と異なって，ここでは書籍全体を和書と漢書とに区分しない．
それだけに「俳諧」（俳句）のような日本特有の文体に関わる書
籍に相応しい部立てが現れている．なにぶん明治になって後の日
本での刊行物が対象なので，「通商」や「工学」などを主題とし
た書物の増加は，書目自体を見ずとも想像できる．その一方で漢
学が即座に衰えたわけではないが，漢籍の刊行は相対的に減少し
始め，ほとんど和書のみを対象とするような分類が，この後は通
例となる．従って，四部分類で一般的だった部立ても，姿を消し
ていく運命に在った．

　東京書籍館は東京府図書館（東京府所管）を経て，東京図書館（文
部省所管）に改組された．明治19（1886）年には『東京図書館洋書
目録』が編まれる．そこでの十八門分類を修訂・統合した八門分
類表が，『東京図書館季報』（1887-1888年）に掲載される．その内
容は神学，哲学及教育，文学及語学，歴史・伝記・地理，法律・
政治，数学・物理・医学，工学・兵事，双書他から成る．和漢書

に洋書も含めた全ての書籍の分類法として，これは運用された．

　換言すれば，それは記述言語，ひいては実際の配架を無視した目録上の分類ということになる．図書館での出納業務にも支障を来したため，配架と目録の一致を求めて，分類法の改訂を求める気運が強くなる．こうしてデューイの DDC に基づきつつ，それを日本人なりに改変した十進分類法が創始される．やがて森清（1906-1990）が昭和3（1928）年，「和洋図書共用十進分類表案」，翌年に『日本十進分類法』を発表する（鮎澤 1998: 219-222）．

　実際には，十進分類法の広範な普及は戦後のことで，機関ごとに独自の図書分類が用いられていた時期が長かった．その中で漢籍がどう扱われたかといえば，1，和書と区分，2，和書と混合，つまるところ目録での掲出には，この二種の手法しかない．更に2は当然ながら，1でも部立ては和書と同じく「教育」，「医学」などという明治以降に一般的となった学問分野を用いることが，明治期には主流であった（東京書籍館の二種の書目はその先駆け）．確かに，漢籍を著録する書目は近代以降，膨大な数に上り[2]，筆者はそれらを逐一調査したわけではないから，これは現時点での印象に過ぎない．ただし，こういった印象は，そう誤ってはいないものと思われる．それというのは，時期こそ異なれ，漢籍の本場である中国でも似たような現象が若干ながら起こりつつあったからである．次節では，20世紀に中国で作られた書目に目を向けるとしよう．

3．民国期の書目における書籍の区分

国家の体制を改めて近代文明を受け入れる点で，中国は日本よ

り40年以上，ちょうど明治（1868-1912年）の全期間に相当する
だけ遅れを取った．中華民国の建国（1912年）以来，外部からの
影響で学術・文化にも変化が見られたが，書籍の分類も例外では
なかった．ここでは個人の書目は措いて，より多くの人目に触れ
る図書館等の書籍目録を取り上げることにしよう．66冊から成る
『明清以来公蔵書目彙刊』（北京図書館出版社古籍影印室 2008）には
100種を優に超える，ほとんど清末・民国期における公的機関の
書目が影印して収録される．差し当たって，これを資料に用いる．

　ここに収められる書目の大多数が四部分類を基本とした区分に
書籍を位置付けていることは，争えない事実である．対象とされ
る書籍の多くが前近代中国の価値観に従って著された文献，いわ
ゆる漢籍なので，その点は異とするに足りない．ただ，そこに新
しい時代の胎動があったことも見逃してはなるまい．

　例えば『山東図書館辛亥年蔵書目録』（第20冊に影印）は書名
のとおり，辛亥革命の年（1911年）に刊行された．分類は経・
史・子・集の四部に叢書を加えた五つの区分で同書のほぼ全てを
占めるが，末尾にわずかながら洋書の翻訳や外国書を著録した
「別録」が附される．この種の書籍を四部分類の外に置く形式は，
民国期に入るとごく一般的となる．同じ図書館が民国6（1917）
年に公刊した『山東図書館書目』（第19冊に影印）には，分類とし
て四部，叢書，科学，外国文（洋書及びその翻訳），山東芸文（山東
人の著述や山東の地方史），補遺が置かれる．先の目録に比べて，後
の方では外国文に属する書籍が少し増加している．

　その後も四部分類を基調にして，新文化に基づく書籍（以下，
新学書と呼ぶ）を諸所に配する書籍目録が作られていく．確かに，
後になると四部分類を用いない民国23（1934）年の『国民政府文

官処図書館図書目録』（第9冊に影印）なども現れる．だが，清末における前身を持たない図書館以外で十進分類による図書目録がなかなか現れなかったことは，清末までの一千年以上にわたって，中国における書籍の区分に及ぼした四部分類の力を，かえって想起させる．

　そのような中にあって欧陽瑞驊（1879-1944）が民国23（1934）年に『南京市立図書館図書目録』（第29冊に影印）巻首「叙」で「今吾国図書館非不注意編目，惟派別紛歧，漫無定則，多屬試験時期．然四部則已有不復存在之勢矣．瑞驊十餘年前即思発凡起例，将中外図書分為国内学部与国外学部．国内部仍襲用経史子集等類，国外部則以哲学，社会，政治，経済等類統之．纂輯成篇曰二部最目，庶爾疆我界，鴻溝不犯，而因循未就．壬申，承乏斯館，擬挙其法編目．嗣恐鑿枘難入，爰本杜威十進法，参合其他図書館学家所制標準，更察館中図書情形，不令過於冗瑣，亦不令失之疎略．先訂分類法，再按図書性質，経牽緯繋，編為総目」と述べる点は興味深い．即ち，当時は中国の図書分類にとって過渡期（「試験時期」）であり，「四部」はもはや存立すべき「勢い」を失っているが，そうかといって古典籍（「国内学部」）と新学書（「国外学部」）を截然と区分するのも水と油が混ざらない（「鑿枘難入」）ようなので，『南京市立図書館図書目録』ではデューイ（「杜威」）の十進分類法を採用したというのである．

　近代文明に基づく学問の体系が根付く中，当時の中国で考えられる書籍分類の方法は，次の三種であった．1，新学書を含む全ての書籍に四部分類を適用．2，古典学の書と新学書を各々別の基準で分類．3，古典の書も十進分類で区分．欧陽瑞驊にとっては，1は既に時代遅れの手法だった．だが同時期（1933-1935年）

に同じ南京で作られた『江蘇省立国学図書館図書総目』(第32〜37冊に影印)では、なお四部分類が用いられている。ただ、その子部を例にすると儒家類などの既存の下位分類を置きつつ、工家類(工学)、商業類、交通類、耶教類(耶蘇教)、回教類、東方各教類、哲学類、自然科学類、社会科学類など新しい術語による部立てが設けられている(金 1999: 177)。旧来の分類法で、新学書をも目録上に位置付けようとした試みと思しい。今日もなお力を残す古典中国の文化が民国20年代の書籍分類にかくも大きな影響を及ぼしていたのは、むしろ当然といえるだろう。

4. 大正期における四部分類の使用

中国が書目における古典籍の扱い方を模索し始めた民国初年は大正の初頭に当たるが、日本の収蔵機関における漢籍の著録にも新たな動きが生じていた。もとより、それは中国書の収蔵に富む図書館などに限られる事象であったが、近代日本での漢籍の収蔵及び目録の編纂を概観した文章(高田 2018)を参照しつつ、その状況を見てみよう。第2節で見た東京書籍館の目録に続いて、漢籍を著録する書目として、明治23 (1890) 年に内閣記録局の編纂・出版に係る『内閣文庫図書仮名目録漢書門』、『内閣文庫図書類別目録漢書門』が世に出た。そこには「経書」の語を用いるなど四部分類の要素も見られるが、概して第2節で触れた『東京書籍館書目』漢書之部に通じる独自の分類が用いられる。

その二十年余り後に公刊された内閣書記官室記録課編纂『内閣文庫図書第二部漢書目録』(帝国地方行政学会、1914 年)に至って、事態は一変する。当該の目録では、四部分類が用いられる。しか

も部立ては，ごく伝統的な形を取る．

　もとより第一門から第四門までに経・史・子・集を各々配した上で，第五門に字書，韻書，目録，類書，叢書を置くことは，この目録独自の体裁といえよう．だが「例言」の第二条に「四庫全書総目並ニ我重訂御書目録ニ拠リ大要ヲ分チテ」とあり，また全体を見渡せば，旧来の四部分類を踏襲している点は，ごく見やすいことである．依拠した文献の中で，『四庫全書総目』は18世紀後半，清の朝廷が選んだ書籍一万余種のうち，3,400種以上の定本と解題，6,700種強の解題を編んだ事業に由来する．定本の方は『四庫全書』と称される叢書に集成されたが，解題も定本の有無を問わず一書にまとめられ，それが『四庫全書総目（提要）』と称される．そこでの書籍の配列は，四部分類に基づく（永田 2017）．

　今一つ名を挙げられる『重訂御書籍目録』（先に引いた「例言」では「籍」を誤脱）は，江戸幕府の紅葉山文庫に蔵される書籍の目録である．文化11（1814）年9月に稿を起こし，天保7（1836）年に成った同書は，漢籍も多く著録するが，凡例に拠ればその分類は『四庫全書総目』に基づく，つまり四部分類が用いられている（福井 1983: 152-154）．周知の如く，紅葉山文庫は内閣文庫の前身の一つであり，旧蔵書は国立公文書館に所蔵される．『内閣文庫図書第二部漢書目録』の編纂について詳細は（内閣書記官室記録課の小杉醇が実務に当たったことなどを除けば）不明だが，この後も，内閣文庫では四部分類を用いた漢籍のみの目録を編んで，それらは日本の漢籍目録における一つの模範となった．書誌学者として名高い長澤規矩也（1902-1980）の見識がそこに生かされたことも，よく知られている（高田 2018: 286-287）．従って，内閣文庫編『内閣文庫漢籍分類目録』（内閣文庫，1956年）などに倣う諸機関の漢

籍目録も，当然ながら四部分類に基づく．小文の副題にある「四部分類への「回帰」」とは，こういった分類法の変容を指している．

　もっとも明治以降，和書及び洋書と共に新たな分類で区分されていた漢籍に，江戸時代以前に用いられていた四部分類が再び適用されるようになったなどと，この変容を定義するならば，そこには問題がある．それというのは経部（経書），史部（歴史），子部（儒教以外の思想及び技芸），集部（文学）の四分野に書籍を分かつ四部分類が，前近代の日本でどこまで普及していたかは不分明だからだ．

　最澄（767-822）の『伝教大師将来目録』など入唐僧の将来目録（中国から持ち帰った書籍のリスト）[3]　を除くと，日本の漢籍目録としてまず指を屈するべきは，藤原佐世の『日本国見在書目録』[4]である．9世紀末の冷然院（上皇の居所）に所蔵される漢籍が，そこでは40の部立てに配される．経・史・子・集の文字こそ用いないが，それらはみな四部の下位分類であり，四部分類に基づくと見なせる．ところが，全体を通じて四部分類による目録はこれ以降，容易には見出されない．『日本国見在書目録』に続く日本の書目といえば，信西こと藤原通憲（1106-1159）の『通憲入道蔵書目録』などが挙げられるが，同書は『周易』を冒頭に著録するので，いかにも四部分類の通例に従うかと思しい．だが仔細に見れば，書籍を収める櫃に附された番号の順に配列されており，和書との混配もあって，四部による区分は顧みられない（長澤・阿部 1979a: 45-57）．日本独自の文化が伸長するに伴って，和書の割合が増していく後世，この傾向はより著しい[5]．

　江戸時代に至って本節で触れた『重訂御書籍目録』の漢籍を著

録した部分や，幕府（昌平坂学問所）が刊行した漢籍の解題集『官版書籍解題目録』（長澤・阿部 1979b: 93-141）では，四部分類が貫徹されている．ただ前者は公刊されたわけではないし，弘化4（1847）年に刊行された後者も販売・蔵板目録で少しく特殊な書目といえる．そもそも漢籍に特化して，なおかつ広く知られた目録が，江戸時代以前の日本にはごく乏しい．書籍といえば漢籍とほぼ同義に捉え得る中国とは，この点で格段の差がある．幕末に一応の完成を見た漢籍善本の目録『経籍訪古志』は経・史・子・集の各部に加えて，補遺として医部を設けるが，概ね四部分類を用いる[6]．書写・刊行の古い中国書に対象を限定した同書で四部分類が使用されていることは，和書が多数を占める日本の一般的な書目に当該の分類がそぐわないことを意味しよう．前近代の日本で四部分類が普及していたと考えることに疑念を呈し，副題に用いた「回帰」の語に鉤括弧を附した所以である．ここで節を改めて，昭和期に入ってからの事例を見ることにしたい．

5. 昭和戦前期における四部分類の使用

前節で言及した『内閣文庫図書第二部漢書目録』の後，漢籍だけを取り出して四部分類に依拠した目録が各機関で編まれていく．明治以降，ともかく全ての蔵書を新たな分類に位置付けた目録を編んで，やや余裕が生じたものか，そのような機関が少しずつ増えてきた．ただし特化した書目を編むほどに漢籍を有する機関の数は限られていたし，それこそがあるべき手法とも考えられていたわけではない．専ら漢籍を蒐集した組織においてすら，次のような例がある．「ところで，経，史，子，集という古くさい四部

分類によるのは，新しい研究所としてはもはや妥当でないという議論が，全然ないではありませんでした」．

　中国文学の研究者として後年，名を馳せる吉川幸次郎（1904-1980）の回想を引用した（吉川 1996: 456）．この言葉は昭和41（1966）年11月の講演で，それより35年前の昭和6（1931）年における事実を振り返る文脈に見える．当時の吉川は東方文化学院京都研究所の研究員として，新たに研究所が購入しつつあった書籍の受入に関わっていた．昭和4（1929）年に創設された同研究所は同じ東方文化学院に属する東京研究所と共に，中国を主とする東洋学の研究を任務とした．研究の資料となる漢籍の蒐集は，いずれにおいても急務だった．

　京都研究所では個別の書籍を購入すると同時に，天津の実業家で蔵書家でもある陶湘（1870-1940）から大量の叢書を買い取った．先行研究（高田 2010）に拠れば，その総数は591種2万7863冊に達し，昭和5（1930）年2月10日までに全ての書籍が京都研究所に到着した．かくして，吉川の回想にいう（前身組織などから引き継ぐ文献を持たない）「新しい研究所」（東方文化学院京都研究所）では蔵書が飛躍的に増加した．それに伴い，完備した書籍目録の編纂が切実に必要とされた．編纂に先立って，「妥当でない」とされたのが「経，史，子，集という古くさい四部分類」だったということらしい．

　吉川自身はこれより詳しいことを述べていないし，同じ研究員でやはり目録の編纂に大きな役割を果たした倉石武四郎（1897-1975）らも，特に手掛かりとなる証言は残していない．それだけに何が，またどの程度に「古くさい」と感じられていたかは，今となっては知る由も無い．しかし，四部分類に旧態依然たる古い

漢学——それは清新な研究所に相応しくないと思われた——の気味を何がしか見て取ったことは確かであろう．既に第2節で触れたような新しい図書分類法は相応に普及しており，吉川を含む京都研究所の研究者が多く学んだ京都帝国大学の附属図書館でも事情は同じで，明治 35（1902）・36（1903）年頃より作成された独自の十進分類法が和書と共に漢籍にも適用されていた（京都大学附属図書館 1961: 135-146）．もっとも彼らの相当数が学生などとして在籍した京都帝国大学文学部では漢籍のみ『四庫全書』の分類（即ち四部分類）に従っていたという（京都大学文学部 1956: 287）[7]．同じ大学内でも，所蔵の多寡で部局ごとに漢籍の分類法を異にしたわけである．さて，官制上は外務省の所管で京都帝国大学（文部省が管轄）と別系統だった京都研究所はどうしたものか．吉川による別の証言を引いておこう．「分類法は，倉石氏の発議により，天津図書館の目録が下敷きであること，……この目録が以後いくつかの図書館の目録の藍本となっているのを愉快に思うことを，書き添える」（吉川 1976: 641）．

　「天津図書館の目録」とは民国 2（1913）年に刊行された『天津図書館書目』をいう．そこには経・史・子・集の四部 32 巻，巻之末「集部附録」（科挙の答案集や書簡集），「天津図書館叢書総目」が含まれる[8]．「この目録」は，具体的には昭和 18（1943）年に東方文化研究所（東方文化学院京都研究所を改称）が公刊した漢籍の書目を指すが，その前後に同研究所や京都研究所が編んだ漢籍目録[9]は，分類のあらましについて，みな『天津図書館書目』に依拠する．結局，東方文化学院京都研究所及び後身の組織は，一貫して漢籍に「古くさい四部分類」を適用したのである．

　こういった選択の背景に何があったのか，あるいはそれが（和

書と漢籍との混配が一般的だった日本ではそうではなかったが）伝統的な手法というに過ぎないのかもしれない．だが，ここでは次のような言葉に注意を払うべきだろう．「私は，第二の理由として，四部分類ができてからの中国人は，四部のどっかへ入るようにしか本を書かなかったということがあると思うんです．少なくとも今世紀の初め，大清帝国の滅亡に至るまでは，人人は四部のどこかへ入れてもらおうと思って本を書いた．……中国の文明はずっと，四部分類を尊重する形で再生産されてきた．そういう古い歴史があるからには，この分類法によるのがいちばん便利であるばかりでなしに，合理的でもある」（吉川 1996: 458）．

　先に挙げた吉川の講演から，続く一段を掲げた．ここでの「今世紀」は，20世紀を指す．漢籍目録の編纂に着手した頃，吉川たち東方文化学院京都研究所のスタッフがこれほど透徹した見解を既に持っていたかは定かではない．だが，西洋文明と異なる価値観の下に著された知の体系がそうおいそれと十進分類に置き換えられないことは，中国学に携わる者の相当数が感覚として知っていたのではあるまいか．現に，十進分類の中に四部分類の要素を残す分類も存在した[10]．

　漢籍に特化して，それに四部分類を用いる目録が徐々に作られていく中，前節で説き及んだ内閣文庫の書目と同様，東方文化研究所の目録は「いくつかの図書館の目録の藍本とな」る．同研究所は昭和24（1949）年，京都大学人文科学研究所に統合されたため，その分類法はとりわけ大学図書館での漢籍目録の範例とされた．戦後に公刊された，叢書の子目（所収書）を各々適切な分類に置く分類目録（京都大学人文科学研究所 1963-1965）及び，そうはせずに叢書名の下に子目を列挙する配架目録（京都大学人文科学研

究所 1979-1980）の両者を通じて，それは顕著である．

　誤解を避けるために附言すれば，それは東方文化学院京都研究所やその後身の分類法が傑出して優れることを意味しない．研究機関の宿命として（利用価値の高い基礎的な文献を中心に）書籍を集め続ける以上，蔵書の幅が広がり，他機関が分類を参照する便宜が増したことは見逃せまい．この点は，既存の漢籍を収蔵するに止まる機関と大きく異なる．また創設時に書目を作らざるを得ず，これが後の改訂・再編につながったとも考えられる．ここでは，東方文化学院東京研究所を比較の対象に取り上げよう．

　東方文化学院京都研究所と同時に設置された東京研究所で，その初期に所蔵する漢籍の中核となったのは，浙江出身の軍人で蔵書家の徐則恂（1874-1930）から購入した書籍であった．これが中心となって同研究所の蔵書は形成され，戦後に東京大学東洋文化研究所へと受け継がれる（小寺 2011）．従って，草創期に本格的な書目が編まれてもよかったのだが，それを要しない理由があった．実は民国 13（1924）年に，徐則恂が自らの蔵書目録を公にしていたのである．

　『東海蔵書楼書目』と題する当該の目録は，本文 5 巻及び補遺 1 巻から成る．本文では，経・史・子・集の四部と叢書に各 1 巻が配される．叢書の巻にはわずか 5 年前の民国 8（1919）年に出版された『四部叢刊』（今日いう初編）も，全ての子目が著録されている．思うに，旧蔵者によるこれほど実用性の高い書目のあったことが，東京研究所の研究者らに新たな漢籍目録を編纂する必要性を感じさせなかったのではないか．東京研究所やそれを改組した東方文化学院はもとより，東洋文化研究所でもなかなか漢籍の書目は公刊されず，昭和 48（1973）年に至って世に出た目録の

前言には「京都大学人文科学研究所の漢籍分類の方法を襲うこととした」とある（鈴木敬 1973）。元の所蔵者（陶湘）が整った書目を作っておらず、自ら分類を決め、蔵書目録を作った京都研究所とは大きく異なる。他に基準を示し得る機関が乏しかったことが、内閣文庫の目録と並んで、京都大学人文科学研究所の書目をして、漢籍の分類・目録化に指針——四部分類をなお用いること——を提示し、若干の影響を及ぼさしめたと考えて差し支えあるまい。

6. おわりに

21 世紀に入っても、漢籍の目録はなお編まれている。全体としては十進分類を適用し、図書館での配架もそれに基づく蔵書より漢籍のみを取り出し、そこに四部分類を用いた書目の例も存在する（松浦・道坂 2010）。漢籍の目録化で四部分類を使用することは、ごく当然とされているのだろう。

だが明治期の日本において、それは当然とされていたわけではない。江戸期まで和書と完全には区分されず独自の分類を施されていた漢籍は、日本文化の純化（中国文化の析出）という課題の下、日本書・洋書とは截然と区別された。その際に、まず独特の分類が、後には十進分類などが適用されることになる。

清末・民国の中国でも、古典籍（漢籍）と新学書の目録における位置付けは、すぐに解決できる問題ではなかった。だが古典籍を中心に考えれば、四部分類が適用されるのは、その強固な伝統を思うと、当然の事態であったといえよう。これに対して、日本では事はそう簡単ではなかった。それは、漢籍目録の編纂には四部分類を用いるという伝統が、実は日本に根付いていなかったこ

とによる.

　こうして和書と漢籍の区別が通念と化した大正期にまで,四部分類にのみ基づく目録の登場は持ち越された. そこで起こったのは遥か昔,漢籍だけを取り上げ,四部分類を用いた『日本国見在書目録』への「回帰」ともいうべき現象であった. その後も,時に「古くさい」と見なされながら,「古い歴史があるからには,この分類法によるのがいちばん便利であるばかりでなしに,合理的でもある」(吉川 1996: 456, 458) という観念が共有されていく,また自明の事柄と考えられ,四部分類こそが漢籍の類別においてあるべき姿とされてきたと思しい.

　小文で取り上げることができた事例は,ごくわずかでしかない. 殊に第5節が筆者の勤務先(京都大学人文科学研究所)に関わる記述に偏ったことは否定のしようも無い. それだけに,小文の論旨に,疑念を抱かれる向きも多かろう. ただ,前近代日本における教養の源泉といえる漢籍が近代以降の書目でどう扱われたかを正面から論じた研究は,そう多くあるまい. 軽視されてはならない問題を提起した意味で,この文章にも幾許かの見るべき点があるかもしれない. 博雅の示教を得られれば幸いである.

註
  1)　欧米・日本での図書分類法の歴史については鮎澤 (1998: 213-222) が簡にして要を得ている. なお日本十進分類法の成立,戦前における普及の状況は藤倉 (2018) に詳しい. また近代日本の図書分類法と民国期中国の図書館における書目の作成との関係,それを通じた新たな学知の形成については,河野 (2017),河野 (2019) を見られたい.
  2)　これらの書目の情報は東洋文庫東洋学インフォメーション=センター(1982),山口 (2004),山口 (2005) にまとめられる.
  3)　大正一切経刊行会 (1928: 1055-1112) に最澄,空海,常暁,円行,円仁,恵運,円珍,宗叡の将来目録を収めるが,著録される書籍は多く仏典である.
  4)　『日本国見在書目録』については矢島 (1984) に依拠した.

5)　和書（漢籍を含む）の，特に江戸時代における分類については中野（1995），岡村（1996）が参考になる．また前近代日本の書目に関しては住吉（2015）に簡明な記述が見える．なお中国語古典文以外の記述言語による文献の増加で四部分類への意識が弱まる過程については，東アジアの他地域（例えば朝鮮）での関連する事象と比較を試みるべきだろうが，今はその必要性を指摘するに止めたい．
6)　『経籍訪古志』については澁江・森（2014）に依拠した．
7)　四部分類に基づく所蔵漢籍目録として，最も早くは京都帝国大学文学部支那哲学史・東洋史・支那語学支那文学研究室（1935）が刊行されている．
8)　北京図書館出版社古籍影印室（2008: 第17冊・第18冊）に影印される．
9)　吉川・渡邊・笠原・倉田（1934），吉川・渡邊・玉貫（1936），東方文化学院京都研究所（1938），東方文化研究所（1941），東方文化研究所（1943）.
10)　例えば京都帝国大学の「附属図書館和漢書分類表 第一門 宗教哲学教育」では1-60 中国哲学総記，1-61 群経総義，1-62 易経，1-63 書経 詩経，1-64 礼記，1-65 春秋，1-66 四書 孝経，1-67 老荘，1-68 諸子，1-69 儒家などと経部に易類，書類，子部に道家類（老荘）を置くような四部分類の影響を受けた下位分類を設けている（京都大学附属図書館 1961: 138）.

参考文献

鮎澤修 1998：「第7章 分類法」岩淵泰郎（編著）『新現代図書館学講座10 資料組織概説』東京書籍，207-222.

岡村敬二 1996：「第2章 書物の森へわけいる・2分類と目録の長い道」『江戸の蔵書家たち』講談社，112-142.

京都大学人文科学研究所 1963-1965：『京都大学人文科学研究所漢籍分類目録』京都大学人文科学研究所.

京都大学人文科学研究所 1979-1980：『京都大学人文科学研究所漢籍目録』京都大学人文科学研究所.

京都大学附属図書館（編集）1961：『京都大学附属図書館六十年史』京都大学附属図書館.

京都大学文学部 1956：『京都大学文学部五十年史』京都大学文学部.

京都帝国大学文学部支那哲学史・東洋史・支那語学支那文学研究室（編）1935：『京都帝国大学漢籍目録経部第一』京都帝国大学文学部.

金文京 1999：「中国目録学史上における子部の意義——六朝期目録の再検討」『斯道文庫論集』33: 171-206.

河野貴美子 2017：「日中近代の図書分類からみる「文学」，「小説」」小峯和明（監修），金英順（編）『シリーズ 日本文学の展望を拓く1 東アジアの文化圏』笠間書院，196-209.

河野貴美子 2019：「中国の近代大学図書館の形成と知の体系——燕京大学図書館を例として」甚野尚志・河野貴美子・陣野英則（編）『近代人文学はいかに形成されたか——学知・翻訳・蔵書』勉誠出版，330-356.

小寺敦 2011：「東京大学東洋文化研究所の漢籍について」東京大学東洋文化研究

所図書室（編）『はじめての漢籍』汲古書院, 181-200.

小林康隆 2007:「第5章 分類法」田窪直規・岡田靖・小林康隆・村上泰子・山崎久道・渡邊隆弘『新・図書館学シリーズ9 三訂資料組織概説』樹村房, 94-141.

齋藤希史 2005:『漢文脈の近代 清末＝明治の文学圏』名古屋大学出版会.

鈴木敬 1973:「刊行にあたって」東京大学東洋文化研究所『東京大学東洋文化研究所漢籍分類目録』東京大学東洋文化研究所.

住吉朋彦 2015:「第6章 目録と文庫」河野貴美子・Wiebke DENECKE・新川登亀男・陣野英則（編）『日本「文」学史1「文」の環境──「文学」以前』勉誠出版, 179-193.

大正一切経刊行会 1928:『大正新脩大蔵経55 目録部全』大正一切経刊行会.

高田時雄（編）2010:『陶湘叢書購入関連資料』京都大学人文科学研究所附属東アジア人文情報学研究センター.

東方文化学院京都研究所 1938:『東方文化学院京都研究所漢籍目録』東方文化学院京都研究所.

東方文化研究所 1941:『東方文化研究所続増漢籍目録 昭和十二年九月至十六年二月』東方文化研究所.

東方文化研究所 1943:『東方文化研究所漢籍分類目録』東方文化研究所.

東洋文庫東洋学インフォメーション＝センター（編纂）1982:『増訂 日本における漢籍の蒐集──漢籍関係目録集成』汲古書院.

長澤規矩也 2006:長澤規矩也（著）, 長澤孝三（編）『和刻本漢籍分類目録 増補補正版』汲古書院.

長澤規矩也・阿部隆一（編）1979a:『日本書目大成』1, 汲古書院.

長澤規矩也・阿部隆一（編）1979b:『日本書目大成』4, 汲古書院.

永田知之 2017:「目録学の総決算──『四庫全書』をめぐって」京都大学人文科学研究所附属東アジア人文情報学研究センター（編）『目録学に親しむ 漢籍を知る手引き』研文出版, 69-120.

中野三敏 1995:「第5章 分類」『書誌学談義 江戸の板本』岩波書店, 97-126.

福井保 1983:『江戸幕府編纂物 解説編』雄松堂出版.

藤倉恵一 2018:『日本十進分類法の成立と展開 日本の「標準」への道程 1928-1949』樹村房.

松浦茂・道坂昭廣他（編）2010:『京都大学大学院人間・環境学研究科漢籍目録』京都大学大学院人間・環境学研究科.

矢島玄亮 1984:『日本国見在書目録──集証と研究』汲古書院.

山口謠司 2004:「本邦漢籍目録書目」『中国文学報』68: 134-146.

山口謠司 2005:「本邦漢籍目録図録及び解題編書目 附 本邦漢籍目録書目補遺並びに追加」『中国文学報』70: 126-133.

吉川幸次郎 1976:「人文科学研究所東方部の漢籍と私」『吉川幸次郎全集』23, 筑摩書房, 640-641.

吉川幸次郎 1996:「事柄の学問と言葉の学問──京大人文研東方部の蔵書について」『吉川幸次郎講演集』筑摩書房, 422-472.

吉川幸次郎・渡邊幸三・笠原仲二・倉田淳之助（校）1934：『東方文化学院京都研究所漢籍簡目　昭和九年七月初訂』東方文化学院京都研究所.

吉川幸次郎・渡邊幸三・玉貫公寛（編）1936：『東方文化学院京都研究所新増漢籍目録　昭和九年八月至十一年二月』東方文化学院京都研究所.

北京図書館出版社古籍影印室（輯）2008：『明清以来公蔵書目彙刊』北京図書館出版社.

高田時雄　2018：「近代日本之漢籍収蔵与編目」『近代中国的学術与蔵書』中華書局，284-306.

澁江全善・森立之　2014：澁江全善・森立之等（撰），杜沢逊・班龍門（点校）『経籍訪古志』上海古籍出版社.

第5章　自動書庫の運用
——請求記号によらず機械が所在を管理する

黒澤公人

1.　はじめに

　今日，図書館の検索システム（以下OPACと表記）を利用して，図書館で所蔵している図書を素早く見つけ出すことができるようになったが，その図書が図書館のどこの書架にあるかは人が歩いて探さなければならない．その時，図書の場所を探す手がかりになるのが，請求記号または配架記号と呼ばれる記号である．

　通常は，それらの記号をメモして，該当する書架を探り当て，そこから，書架上に並んでいる図書を探し出す．図書館では，それらの図書を探し出せるように常に書架上の図書が正しい位置にあるようにメンテナンスしている．返却された図書は，次の利用者のためにできるだけ短時間で書架に戻すことが求められる．もし，返却された図書が書架に戻る前に，利用のリクエストがくると，図書館員ですらその図書を探すのは困難になる．

　自動書庫に入っている図書は，OPACで検索して，出庫指示をすると数分で取り出すことができる．自動書庫に入庫されている図書の所在は，自動書庫システムが管理しているので，利用者はその図書がどこに存在するのか知る必要がない．自動書庫は数万個というコンテナで構成され，1つのコンテナの中に数十冊の

図書を入れることで管理される.

　入庫された図書を取り出したいときは，その図書を OPAC 上で出庫指示をするとその図書が入ったコンテナが出納ステーションに搬送されてくる．搬送されてきたコンテナの中には，出庫指示した図書が入っているので，その図書を選んで取り出すことで利用可能になる．その間，数分程度である．自動書庫の操作員は，自動書庫の出納ステーションの前で操作するので，図書館の中を探し回る必要はない.

　筆者の勤務する国際基督教大学（以下 ICU と記述）図書館は，2000 年より日本ファイリング社製の自動書庫 AutoLib を運用しており，本章による自動書庫の記述，用語，概念については，日本ファイリング社の用語，概念を使用している．また，図書館システムは，NEC の E-CatsLibrary を使用しており，そこに搭載されている機能に基づいて記述している.

2. 自動書庫に入庫される資料の書誌情報

　通常の図書館の図書には，所在を示すための請求記号や配架記号が必要になるが，自動書庫に入庫される図書には必要ない．書架に配架しないで，自動書庫に直接入庫する図書・雑誌は，図書館で行う目録，整理作業を簡素化することができる．具体的には，分類作業や請求記号ラベルの貼り付けが省略できる．もちろん，図書館システムで検索できるという条件は必須なので，最低限の書誌情報は必要である．和書の場合，ほとんどの書誌情報は，ネットワークを介して，NII（国立情報学研究所）や国立国会図書館等から簡単に入手できる．しかし，図書目録の標準的な書誌情報

でなくても，図書番号と資料を識別できるタイトル，著者などの簡単な情報があれば，自動書庫に入庫された図書は利用可能になる．

また，図書館の統廃合によって，複数タイプの分類や請求記号が混在する図書も，自動

アタラシイ キョウイク : ソノ ホウホウ, ソノ シンポ
新しい教育 : その方法, その進歩 / アンジェラ・メヂシ著 ; 渡邊誠譯 (文庫クセジュ ; 10)

データ種別	図書
出版者	東京 : 白水社
出版年	1951
本文言語	日本語
大きさ	128p ; 18cm

図 1　請求記号のない図書の入庫例

註）出庫指示をクリックすると自動書庫に出庫指示が送信される．

書庫にそのまま入庫することができる．入庫順序も問わずランダムに入庫可能である．取り出すときは，OPAC の検索機能を利用して図書を特定し，出庫指示を送ることができる（図1）．

3. 自動書庫はランダムに入庫し，ランダムに出庫できる魔法の箱である

図書館の書架では，図書館の定めた正しい順序に配列されていることが重要である．ところが自動書庫のフリーロケーションというシステムでは（図2），ランダムに入庫し，そして，ランダムに出庫することになる．コンテナ内の順序もランダムである．また，一度出庫し，改めて再入庫する場合も，どのコンテナに入庫しても問題ない．

自動書庫では，資料は1点1点管理される．まとまったコレクションも，単独の1点の資料も，すべて一様に1点1点として管理される．入庫時に，番号順にきれいに入庫しても，それらが，

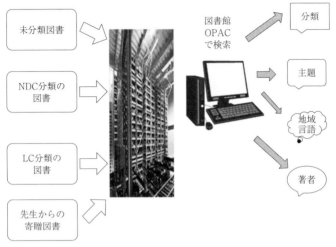

自動化書庫へのフリーロケーションで入庫

図2　自動書庫のフリーロケーション入庫概念図

　利用されていく度に，順番等は，バラバラになってしまう．自動
書庫には，資料とコンテナの関係を固定して管理する「固定入
庫」方式もあるが，利用頻度の少ない資料の場合のみ有効な方法
である．

　自動書庫内は，通常，日光や電灯に晒されない環境で，除湿な
どの空調が稼働しているので，一般の書庫より図書の保存環境は
優れている．また，コンテナに入庫されるので，書架で管理しに
くい資料も管理しやすい．ページ数の少ない資料や壊れそうな資
料の管理も可能である．

　自動書庫に入庫された資料は，OPACで検索して簡単に出庫
指示を出せるので，資料の利用価値の不明なものをとりあえず，
入庫しておくこともできる．1点1点管理されるので，漢籍など

の秩で複数冊を管理する資料は不向きである．ビデオテープ，カセットテープ，マイクロフィルム，DVD などの管理も可能である．コンテナに入庫できるものは，管理可能である．コンテナに入らないものは管理できないので，特殊な形状の図書や大型本の管理には適さない．

　自動書庫の出庫作業，入庫作業は，自動書庫システムに記録されるので，資料の利用履歴を集計することができる．それらを参考に，廃棄計画を立てることもできる．例えば，10 年間で 1 度も利用されない資料は，廃棄検討資料とすることもできる．資料の価値があまりはっきりしない資料も，とりあえず，入庫して利用者に価値がある資料なのかどうかを判断することも可能である．ただし，廃棄を行うときに一度に大量の図書を取り出すことは難しいので，長期計画や作業集中日を決めて行う必要がある．

4．図書を書架で管理するメリットとデメリット

　大量の図書を管理する一般的な方法は，書架に一定の基準を設けて並べることである．段ボール箱に入れたり，図書を机の上や床に積み重ねてしまうと，必要な図書を必要なときに見つけ出すことが困難になる．また，大量の図書をランダムに書架に並べてしまうと図書を探し出すことが困難になる．図書はきちんとした順序で，並べておく必要がある．図書館の場合は，通常分類順に並べられ，今後の増加を見込んで，隙間のある状態で管理するのが一般的である．また，一度利用された図書は，必ず本来あるべき場所に戻す必要がある．

　書架で管理するメリットは，整然と並べられ，一覧性がよく，

左右の図書の関係も明白になる．特に OPAC を使用しなくても，必要な図書を探し出すことができる．一方，デメリットは，常に図書を正しい位置に戻す必要がある．今後の増加に対応したスペースの確保，増加に伴う書架調整作業が常に必要になる．

5．書架から自動書庫への入庫

　書架が満杯になると，数年間の増加に対応できるように大規模な書架調整を行うことになる．図書は移動先でも，正しい順番になるように，綿密な計画を立てて実施する．

　一方，自動書庫がある場合は，満杯になった棚から増加した分の図書を抜き取ることで作業が完了する．抜き取った図書は，自動書庫にランダムに入庫することができるので，順序を気にする必要はない．今後の増加のために書架上に空きスペースを確保する必要もなく，増加分のみ抜き取ればよい．

　ICU 図書館の開架書架の収納能力は 30 万冊で，1980 年代から満杯状態であり，当時から書架から溢れた図書を倉庫会社に預けてきた．2000 年に収納能力 50 万冊の自動書庫を持つオスマー図書館が建設されたので，倉庫会社に預けてきた図書を自動書庫に入庫した．開架書架は，1980 年代から増えているわけではないので，常に満杯状態である．毎年 1 万冊程度の図書の増加があるので，開架書架から自動書庫への移動は日常の業務の一つになっている．開架書架から古い図書，利用が少ない図書が定期的に取り除かれるので，開架書架には，よく利用される図書，新しい図書が並び，開架書架の見た目も使い勝手も良くなっている．

　新規受入した図書でも，利用が少ないと判断された図書は，直

接入庫する．その場合，整理，装備を簡略化する場合もある．

　以前に大量に受入されて未整理状態のまま利用することのできなかった数万冊の図書が，自動書庫に入庫されたことによって，整理された図書と同じように利用できるようになった．それらの図書は，バーコードが貼られているだけで，整理，装備作業もされていない状態であるが，問題なく閲覧や貸出をすることができる．

6．自動書庫の日常の管理運営について

⑴　1日に出庫できる量の限界の想定と入庫量の増加による変化

　自動書庫から1日にどのくらいの図書が出庫できるのか検討する必要がある．自動書庫の大きさなどによるが，仮に1回の出庫時間に2分かかるとすると，1時間に出庫できる量は30冊になる．1日10時間稼働すると仮定すると1日300冊が限界となる．自動書庫は連続出庫すると，相対的な速度が30秒程度まで，短くなるので，最大出庫量は1,200冊が計算上出てくるが，これはかなり理想的な数字である．現実問題では，1日600冊出ると，ほとんど，休みなく稼働しているという状態になる．さらに，出庫指示が集中すると，出庫時間は，相対的に増加していくので，5分，10分，20分待ちというような状況が発生することも十分予想される．

　収納能力を上げるために1つの棚に2つのコンテナを格納するダブルコンテナ方式を採用している自動書庫では，入庫量が半分以下では，クレーンの通路側コンテナを利用するので，出庫時間は最速になるが，入庫量が収納能力の50%以上になると，奥側

のコンテナを使用することになるので，入出庫時間が相対的に長くなる．入庫量が，60％，70％，80％と増加すればするほど，入庫出庫時間が長くなる．すると，入庫量50％未満の時のパフォーマンスが確保できなくなるという問題もあるので，長期運用を考えると，ある程度余裕のある設定を考えておく必要がある．

　導入当時は，1日600冊の出庫も可能だとしても，入庫量の増加に伴って最大出庫可能冊数は変化することを，考慮する必要がある．

　ICU図書館の場合，1日100冊から多いときでも200冊程度なので，特に利用が集中することもなく，平均2分から3分程度で出庫できる．すでに，20年近くの運用になるが，出庫が集中して，10分以上の待ち時間が発生するという事例は，ほとんどない．

(2) OPAC による出庫指示時間の設定

　通常図書館システムは，24時間365日運用しているので，図書館システムから自動書庫への出庫指示を，制限をつけずに可能にしてしまうと，図書館の運用に支障が出てくる．そこで，図書館システムからの出庫指示ができる時間をスケジュール化する必要がある．公共図書館の場合は，開館，閉館時間は1年を通じて，あまり変化はないが，大学図書館は，大学の授業スケジュールに合わせて，開館・閉館時間が目まぐるしく変動するので，出庫指示スケジュール設定はかなり面倒な作業になる．自動書庫のカウンターの閉鎖時間に合わせて，出庫指示を事前に停止しないと閉館作業などに支障が出てくる．

(3) **出庫待ち時間を感じさせない方法**
  ——パソコンと窓口の意図的な分離

　自動書庫の出庫指示可能なパソコンを，自動書庫の出納ステーションの前のみに設置するのは好ましくない．どうしても，出庫指示を出してから実際に利用できるようになるまで，数分の時間が必要になるので，その間，利用者を出納ステーションの前で待たせることになり，待つ場所の確保などが必要になる．そこで，自動書庫出庫指示可能なパソコンを，図書館内の隅に置き，利用者が出庫指示を出して，出納ステーション前まで，歩いてくる時間を作ることによって，自動書庫の待ち時間を感じさせない方法も，良い方法である．利用者の便利を考えて，自動書庫の出納ステーションを複数作るのは，同様な意味で賢明ではない．複数の出納ステーションを作ることで，搬送路は複雑化し，出庫時間も相対的に長くなるので，利用者の待ち時間も長くなる．その上，設置経費も増加し，カウンター窓口のスペースの増加，担当要員の増加など，良いことはない．むしろ，自動書庫の出庫時間を考慮して，カウンターの場所を不便な場所に作り，利用者を歩かせるなどして，相対的な待ち時間を短縮する方法が効果的である．

　ただし，構造上出庫時間がかかる場合は，病院の待合室のようなスペースも必要になり，出庫した図書がわかるようにするなどの工夫も必要になる．

(4) **出庫待ち時間が長くなるケース——搬送路の長短問題**

　日本の自動書庫はアメリカのものに比べるとコンテナが小型化されており，出納ステーションまで，コンテナを搬送する構造になっている．ラックからコンテナを取り出す時間はさほど多くか

からないが，搬送経路が長くなると，出庫指示から利用可能までの時間が長くなってくるケースがある．コンテナの搬送経路の長さは，構造的な問題なので，搬送時間を短縮できない．出庫ステーションを不便な場所に設置しても，搬送路を短くすることは優先して検討すべき課題である．

(5) 出庫作業時間帯と入庫作業時間帯の分離について

　出庫された図書は，利用が終わると入庫しなければならない．ここで，検討しなければならないのは，どのような時間帯で，入庫作業を実施するかである．日中の出庫の多い時間帯に入庫作業を行うと，出庫速度に影響を与えるので，出庫処理が少ない開館開始時間や閉館後などに設定する必要がある．フリーロケーション入庫の場合は，入庫処理をまとめて行うことができるので，短時間で入庫することができる．自動書庫では，コンテナ毎に固定入庫方式を指定することができるが，この方式を選択すると，1冊の資料を入庫するのに1コンテナを呼び出すことになるので，入庫作業にかなりの時間がかかることになる．固定入庫方式を採用する場合は，最小限に止める必要がある．

　出庫指示で出てきたコンテナに，出庫作業後，続けて入庫作業を行うこともできるが，作業手順が複雑化する上，出庫が集中している時間帯には，出庫時間を遅くするので，出庫と入庫を連続して行うことは，好ましくない．作業の混乱が発生しやすくなる．入庫作業と出庫作業時間は明確に分離すべきである．入庫作業は，できるだけまとめて行う方が効率的である．

⑹　自動書庫出庫中不明本の確認作業

　自動書庫の操作ミスによって，間違って入庫してしまった場合，その図書を発見することは，極めて困難になる．トラブルが発生していないか，定期的に監視する体制が必要である．通常の開架書架のように，自動書庫の中は見ることも触ることも歩き回ることもできないので，自動書庫が正常に運用されているのか，常時監視する体制が必要である．常時監視することによって，問題を初期段階で発見することが可能になる．不明本の多くは，自動書庫出庫後に，不明になるので，その確認が必要である．

　ICU 図書館の場合，通常 1 日あたり 100 冊から 200 冊程度の出庫があり，同様に，100 冊から 200 冊程度の入庫がある．自動書庫の出庫中図書は，常時 2,000 冊程度ある．その内のほとんどは，貸出中図書で自動書庫にすぐに入庫される状況にない．

　2,000 冊の出庫データを手作業で監視することはできないので，自動書庫システムと図書館システムの連携機能を利用して，図書館システム側から本来すでに入庫しているはずだが，実際には入庫されていない図書を監視する．

　出庫中 2,000 冊のデータから，貸出中図書データを除き数百のデータに絞り込む．この時作成される自動書庫出庫中不明本チェックリストを毎日チェックして，出庫されたあと，貸出された形跡もないのに，1 週間以上入庫されないものをピックアップして，行方不明本リスト（ICU 図書館では，貸出機能を利用して管理されていくので，このリストに加えることによって，チェックリストから自動的に外れていく）に加えていき，定期的に自動書庫出庫中不明本が自動書庫以外の書架に戻されていないか探しにいく．すると，本来，自動書庫に戻るべき図書が，開架の一般書架に配架されて

しまうケースが見つかる．また，長期不明の図書も，一般書架の
蔵書点検を行うと発見されるケースもある．それでも，発見でき
ない資料は，数年後に行方不明本として廃棄処理をする．

(7) 日々の監視によるトラブルの検知

自動書庫出庫中不明本を毎日チェックすることで，トラブルを
検知することができる．図書館システムと自動書庫システムは，
連動しているので，前日入庫した図書が図書館システムで未入庫
になっていたりすれば，なんらかのシステム障害が発生している
ことになる．自動書庫システムと図書館システムは連動している
が，OPAC からの出庫可否などを行っている関係で，連携を停
止している時間もある．また，なんらかのネットワーク障害があ
れば，入庫情報が図書館システムに反映していないケースも発生
する．チェックリストの不明本の増減によっても，なんらかの運
用上の異常を検知することができる．

(8) 貸出中図書の入庫の検知

図書館システムと自動書庫システムとの連携で，図書館システ
ムで貸出中の設定になっているにもかかわらず，自動書庫に入庫
されているという状態を検知する機能も必要である．

この機能は，利用者の貸出中図書が返却処理されないまま，入
庫された場合に検知することができる．図書の返却期限によって
は，利用者になんらかのペナルティが発生する場合もあるので，
入庫日付なども考慮して，利用者に不利益にならないように返却
処理をする必要がある．

また，貸出処理をした不明本が，入庫された場合もすぐに検知

することができる．現物図書を確認して，返却処理を行えば，通常の図書として，利用が可能になる．

⑼　自動書庫の停止・故障時の対策

自動書庫システムは，機械なので故障することがある．一度トラブルが発生すると，運用再開まで，数時間から半日を必要とする．その場合は，停止中という「お知らせ」を出せるように導入時から準備をしておく必要がある．自動書庫には，コンテナの位置確認を行うために，たくさんのセンサー装置が設置されており，それらが経年劣化などにより故障する場合がある．そのような場合，部品交換のため，業者による修理が必要となる．

ICU 図書館の場合，年 2 回，各 2 日間の定期メンテナンスによる停止がある．この場合は，終日利用できない．また，年 2 回の消防点検もあり，この間は，自動書庫を停止する．消防点検の場合は，自動書庫内の火災報知の検査になるので，自動書庫業者の管理下で，消防点検作業員と事前の打ち合わせを行いトラブルが発生しないように対応する．

事前に停止日時が決まっている場合は，ホームページ等で，事前のお知らせを出す．図書館の本は，基本的には，1 種類 1 冊なので，代替え資料で対応するということができない性質のものである．場合によっては，至急に利用を希望される場合も存在するので，必要な資料番号などを控えておき，運用再開後，最初に取り出すなどの対策も検討しておく必要がある．

⑽　トラブルの原因の追及と運用再開のタイミングについて

ラックにコンテナが引っかかったり，モーターが故障したりす

る物理的な故障の場合は，トラブルの原因は，容易に判別できるが，センサーなどの故障の場合は，再現性が難しいものもある．原因がうまく特定できない場合は，修理時間も長くなりがちである．図書館や利用者からすれば，早期の再開が一番良いのだが，いろいろな状況から，どうしても，原因の特定がはっきりしない場合もある．業者が修理に入った場合も，再開可能なタイミングを業者に確認しながら，運用再開の見通しを検討する．運用再開時間を把握して，利用者に対応することは重要なことである．

⑾　出庫効率を上げる強制出庫機能

　自動書庫は，大規模収容能力を持つといっても，物理的な限界がある．自動書庫の作業空間は，出納ステーションでの作業しかできないため，一度に大量の図書を入れたり，出したりすることはできない．そのため，大量廃棄を検討する場合は，長期間にわたる計画的な準備が必要である．コンテナ毎にまとまった資料がある場合は，すべての図書・雑誌に出庫指示をかけるのではなく，コンテナ内の1冊のみを指定して，コンテナから複数の図書・雑誌を強制出庫することで，作業効率を上げる場合もある．

7.　OPAC機能を利用した仮想図書館の構築案について

⑴　OPAC機能をそのまま利用する

　OPACでは，書誌データの中に設定されている出版国，言語などを指定して検索することができる．現在，日本の大学図書館が採用している書誌データは，NII（国立情報学研究所）のCATPフォーマットと呼ばれるもので，出版国，言語などのデータが標

図3 出版国，言語を指定して，OPACから検索する方法

註）ICU図書館の事例（https://opac.icu.ac.jp/opac/opac_search.cgi?smode=1）．
画面はわかりやすいように出版国，言語の一覧を展開したものを一部合成している．

準的に入力されている．OPACをそのまま利用するだけで，例えば「出版国ロシア共和国，ロシア語の図書」という検索が簡単にできる（図3）．

⑵ **検索キーワード一覧表からOPA検索を実行する**

しかし，上記のような検索機能に気が付かない人のために，検索を代行する画面を作る方法もある．

図4は映像データベースAlexanderStreet の AcademicVideo Online の分野別リンクの AsianStudies の国別一覧の例であり，AcademicVideoOnline を検索するためのものである．

このような画面を参考にして，利用者が検索しやすいように検

| All | Awards | People | Genres | Countries | Publishers | Subjects | Content Types |

Browse all Countries or click on individual links from the list below.

> Australia (10)
> Bangladesh (16)
> Burma (5)
> Canada (7)
> China (80)
> India (129)
> Indonesia (47)

> Iran (78)
> Japan (32)
> Lebanon (14)
> Malaysia (20)
> Nepal (6)
> Philippines (61)
> Singapore (32)

> South Korea (265)
> Sri Lanka (24)
> Taiwan (14)
> Thailand (14)
> United Kingdom (6)
> United States (47)
> Vietnam (39)

図 4　映像データベース AlexanderStreet の Academic
VideoOnline の分野別リンクの AsianStudies の国
別一覧（https://search.alexanderstreet.com/asian-studies）

索項目を整理しておき，それを利用することで，必要な資料にた
どりつくことを容易にすることができる．OPAC の検索機能を
そのまま代行しているので，図書館システムを変更する必要もな
い．この検索画面ではすでに決められた検索を実施しているだけ
なので，新規購入図書などもリアルタイムで検索でき，データの
増減などによるメンテナンスなどの必要もない．

⑶　独自の検索システムから図書館 OPAC にリンクする方法

　現在の大学図書館の目録情報は，NII の定めた目録規則に従っ
て，書誌データが構成されているため，特殊な内容のコレクショ
ンを検索するには，検索項目が不足する場合もある．検索項目の
不足や出版国別区分や言語区分自体が不足している場合は，
OPAC をどのように駆使しても，検索を絞り込むことができない．
そのような不足をカバーするためには，独自の検索システムや書
誌一覧表の作成も検討する必要がある．コレクションが小さい場
合は，書名等の一覧表を作成してカバーすることもできるが，コ
レクションの規模が大きくなるとやはり独自の検索システムが必

図5 CiNii の検索画面（https://ci.nii.ac.jp/books/?l=ja）

空間の社会経済学

大泉, 英次
オオイズミ, エイジ

山田, 良治
ヤマダ, ヨシハル

大学図書館所蔵 138件 / 全138件

すべての地域 ∨ すべての図書館 ∨ ☐ OPACリンクあり

国際基督教大学 図書館 圕
365.3/Ku27 56096538 OPAC

愛知工業大学 附属図書館 圕
334.6||O 003262318 OPAC

愛知大学 豊橋図書館 圕
334.6:O35 0311037911 OPAC

青山学院大学 図書館 圕
000324198 OPAC

図6 図書を所蔵する図書館の一覧表示

註）OPAC リンクには，https://opac.icu.ac.jp/opac/opac_
openurl.cgi?ncid=BA63055113 の情報が埋め込まれており，
ICU 図書館の OPAC を直接検索する．

要になるかもしれない．独自の検索システムや一覧表を作成して
も，図書の所在や貸出の有無等の確認を行う必要があるので最終
的には，OPAC にリンクすることになる．図5・6・7は，NII の
全国大学図書館が所蔵する図書を検索する CiNii で検索し，ICU
図書館の OPAC にリンクするための一連の流れの例である．

　独自の検索システムや一覧表の作成は，独自に行う必要があり，
図書館の蔵書の増加や廃棄にともなうデータの増減を管理する必

クウカン ノ シャカイ ケイザイガク
空間の社会経済学 / 大泉英次編 ; 山田良治編

データ種別	図書
出版者	東京 : 日本経済評論社
出版年	2003.7
大きさ	263p ; 21cm

■ 所蔵情報を非表示

巻 次	配架場所	請求記号	登録番号	状 態	コメント
	2F:BOOK.SHELF	365.3/Ku27	06096538		

図7 ICU 図書館の OPAC にリンクし，表示された図書の情報

要があるので，かなりの労力を必要とする．大学の図書館システムのカスタマイズ，データ項目の追加変更は，基本的に難しいため，可能なかぎり OPAC の活用で対応すべきだが，どうしても難しい場合は，独自の検索システムも検討が必要になる．

8. おわりに

2000 年に ICU 図書館が自動書庫を導入して以来，現在，全国に数十の自動書庫が導入されるようになり，世界的にも，日本は自動書庫大国といってもよい状況である．今後も自動書庫の導入が続くと思われるので，ICU 図書館の事例を紹介しながら，OPAC と自動書庫との連携による仮想図書館の構想にも言及してみた．特に，自動書庫の図書の所在を特定する必要がないフリーロケーションという特性を活用することによって，いままで図書館で管理しにくかった資料も比較的簡単に管理できるという可能性も紹介した．

参考文献

黒澤公人 2004:「自動化書庫の導入と運用について――国際基督教大学図書館の運用事例報告」『大学図書館問題研究会誌』25: 1-10

黒澤公人 2004:「自動化書庫システムと図書館システムの連動運用について――国際基督教大学図書館の運用事例報告（pt. 2）」『大学図書館問題研究会誌』26: 1-12

黒澤公人 2004:「自動化書庫システム（AutoLib）におけるサイズ別フリーロケーション方式と固定入庫方式について――国際基督教大学図書館の運用事例報告（pt. 3）」『大学図書館問題研究会誌』27: 1-12

黒澤公人 2005:「自動化書庫システムの長期運用にむけて――国際基督教大学図書館事例報告（pt. 4）」『大学図書館問題研究会誌』29: 1-10

第6章　自動分類の応用可能性
——大学カリキュラムの可視化・比較への NDC の活用実験

増田勝也

美馬秀樹

1. はじめに

　近年，大学教育においては「チューニング」と呼ばれる，大学間で学習内容や到達目標・コンピテンス等を共有し，学生や研究者の大学間交流を促進しようとする試みが議論されている．そのためには大学間でカリキュラムや講義を比較し，それぞれの大学の講義間の関連性やカリキュラム間の相補関係などを明示的に示すことが重要であると考えられる．日本の各大学においては「科目ナンバリング」と呼ばれる，分野，レベル，授業形態，使用言語等を表す番号を各科目に付与し，カリキュラムの構造を分かりやすく明示する仕組みが導入されている．東京大学においても「共通科目コード」[1] という形で各科目に全11桁のコードを付与し，課程（前期課程・後期課程），開講学部・研究科，開講学科・専攻，レベル，整理番号（分野），授業形態，使用言語を表現している．しかしながら，これらのコードは各学部・研究科が独自に作成しており，特に本来講義の内容を示すべき「整理番号（分野）」のコードが学部・研究科によって分類体系が異なるため，これを用いて学部・研究科を横断した講義・カリキュラムの比較を行うことは困難である．まして異なる大学間で講義・カリキュ

ラムの比較を科目ナンバリングを用いて行おうとした場合には科目ナンバリングの構造が異なるため単純に比較することは困難である.

そこで本章では,講義のシラバスを用いて講義の分野分類を自動的に行い,またその自動的に付与された分野分類を用いて講義・カリキュラムを可視化し,大学間で比較可能とすることを目的とする.シラバスのテキストから自動的に分野の分類を行うことで,講義を単一の分野体系で分類することができ,その分野体系の中で各講義がどのように分類されるかを比較することで,大学間でのカリキュラムの違いを見ることができる.本章では分野体系として日本十進分類法(Nippon Decimal Classification, NDC)を用いる.カリキュラムの標準的な分類としては,特定の分野に対しては情報学分野における J07(情報処理学会情報処理教育委員会 2010)のようなカリキュラム標準が存在するが,幅広い学問分野に対するカリキュラムの標準的な分類は存在しない.幅広い学問分野に対する分類体系の一つとしては科研費の審査区分表が存在するが,理系分野がやや詳細に分類されているという分野の偏りがあり,また年によって分野の変更が行われるという問題点がある.一方 NDC は本来は書籍の分類体系であるが,幅広い学問分野をカバーしており,本章では学問分野に対する総合的な分類体系として用いる.NDC は主に日本で使用されている図書分類であるが,国際的に使用されている図書の分類であるデューイ十進分類法(Dewey Decimal Classification, DDC)と一定の対応を取ることができるため(高木 1999),同様の方法で国際的にもカリキュラムの比較を行うことが可能となる.また,NDC を用いることで,すでに NDC 分類が付与されている書籍等と新たに自動的に

分類した講義を結びつけることができ，講義と図書館の連携による学生の図書館の利用促進にもつながると考えられる．

このように分野の分類を利用して講義・カリキュラムの可視化・比較システムを作成し，大学横断的に比較することには，様々な利点があると考えられる．たとえば，講義の運営側としては他大学とカリキュラムを比較することでカリキュラムの中でどの分野が抜けている等の分析を行うことができ，カリキュラムの改善につなげることができる．また，その抜けている分野の講義が他大学で行われている場合には連携講義・単位互換等を行うことで補完するのが一つの方法であるが，その連携先の選択にもカリキュラムの比較は有効である．また，大学生の他大学講義の検討や高校生の進学先の検討にも大学横断的に比較を可能とする形で講義の検索を行うということは非常に有用である．

本章ではまず自動分類に関する関連研究を示した後，機械学習手法を用いた講義シラバスの自動分類手法について述べる．その後，実際に講義シラバスを用いた自動分類の実験結果，およびその分類を利用した講義の可視化によるカリキュラムの比較システムについて述べる．

2．関連研究

シラバスデータを利用した講義の自動分類，カリキュラムの比較のための可視化等は様々な手法で研究が行われている．由谷真之はシラバスから専門用語を抽出しその重みを用いて科目間の類似度を計算することで科目間の関連性の分析を行っている（由谷ほか 2005）．井田や野澤は講義シラバスを用いて講義をクラスタ

リングし，各クラスタの特徴語による意味付け，および各カリキュラムでの講義のクラスタ分布により，カリキュラム間の比較を行っている（井田ほか 2005；野澤ほか 2005）．太田は東京大学工学部のシラバスを対象としてシラバスから抽出された専門用語を利用し機械学習手法によりシラバスの分類を行っている（太田・美馬 2009a；太田・美馬 2009b；Ota and Mima 2011）．関屋はカリキュラムの比較を目的として，LDA と Isomap を用いて講義を二次元平面上に射影し可視化を行っている（関谷ほか 2013）．ここでは情報系分野を対象とし，標準的なカリキュラムを基準として可視化を行うことで，大学のカリキュラム間の比較を可能にしている．

　また一方で NDC を用いて何らかの分類を自動的に行う研究は様々な対象について行われている．NDC は本来図書の分類であるので，図書の自動分類の研究が多数行われている．石田は図書の検索を目的として，単語単位での NDC に対する重み付けを利用したベクトルの類似度により分類を行っている（石田 1998）．また後には目次データや帯のデータを利用し，機械学習手法（Support Vector Machine）を用いて自動分類を行っている（石田ほか 2006）．また畑田はニューラルネットワークを用いて自動分類を行っている（畑田 1998）．宮田は NDC の階層構造を考慮に入れ，機械学習手法を用いて NDC 一桁ずつの分類を行っている（宮田ほか 2006）．

　図書以外では，図書館のレファレンスデータベースに対する NDC の自動付与が行われている．レファレンスデータベースは図書館員の資料・情報の探索のためのデータベースであり，国立国会図書館においてレファレンス協同データベースとして NDC とともにデータが蓄積されている．原田は国立国会図書館のレフ

ァレンス協同データベースを対象として，三種類の機械学習手法を用いて自動分類を行っている（原田ほか 2007）．また荒井は単語を NDC に対する重みを要素とするベクトルに変換し，機械学習手法を用いて自動分類を行っている（荒井・辻 2015）．また図書館とは関連のない事柄の NDC による自動分類としては人物の分類が行われている（浦・村上 2011；Murakami and Ura 2011；Murakami et al. 2013）．これらは Web での人物のカテゴリ検索を目的として，人物に関する Web ページのテキストを用いて人物を NDC で分類している．

　また講義に対して NDC 分類を付与する試みは明治大学において行われている（中林 2012）．この試みでは講義と図書の連携を目的として講義シラバス約 1,200 件に NDC を人手で付与し，OPAC 検索での利用を可能にしている．ここでは，講義と図書を関連付けることで学生の図書館利用を促すことを目的としており，本章とは目的は異なるが NDC と講義を結びつけるという観点では同じである．本章では明治大学において人手により行われた NDC の付与を，機械学習手法を用いて自動的に行う．

3．シラバスを用いた講義の自動分類

　本節ではシラバスのテキスト情報を用いて自動的に講義の分野分類を行う手法について説明する．分類体系としては NDC を利用し，各講義に対してその内容に適合する第 3 次区分までの 3 桁の NDC を，機械学習手法を用いて自動的に推定する．講義の内容が複数の分野にまたがる場合を考慮し，各講義に対して複数の NDC を付与する．

⑴　機械学習による自動分類

　機械学習とは人工知能技術の一つであり，データから自動的に
その中の特徴（パターン）を見つけ出し，それをもとに分類・予
測等を行う手法のことである．機械学習は教師あり学習と教師な
し学習に大きく分類することができる．教師あり学習（Supervised
Learning）では，あらかじめ分類ラベルが付与されたデータを用
い，そのデータのパターンから分類器（分類モデル）を自動的に
構築し，その分類器を用いて未知のデータの分類を行う．一方教
師なし学習（Unsupervised Learning）ではラベル付けを行わず，
個々の分類対象の特徴に基づき，相互の関係性により分類を行う．
本章では，あらかじめNDC分類をラベルとして付与したシラバ
スデータを用いて，教師あり学習により分類器を生成する．次に，
この分類器を利用して未分類のシラバスに対し，自動的にNDC
を付与することで講義の分野分類を行う．

　提案手法の自動分類の流れを図1に示す．分類の流れとしては
①前処理，②分類器学習，③分類の3フェーズに分けることがで
きる．①前処理フェーズでは分類対象となるテキストから様々な
特徴を数値化し，ベクトルの形にまとめた特徴ベクトルへの変換
に用いる単語のベクトル表現を学習する．これは後のフェーズで
機械学習手法を適用するために，テキストからベクトル表現に変
換する必要があるためである．②分類器学習フェーズでは，正解
のNDC分類が付与されたシラバスデータを学習データとして，
分類を行う分類器（分類モデル）を，教師あり機械学習手法を用
いて作成する．③分類フェーズでは，前のフェーズで構築した分
類器を用いて，NDC分類が付与されていないテキストに対し，

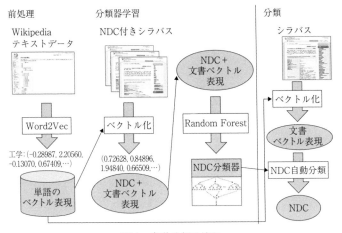

図1 自動分類の流れ

自動で NDC 分類を付与する．以下，各フェーズについて詳細を述べる．

(2) 前処理フェーズ

提案手法では機械学習を用いて分類を行うために，分類対象となるテキストを特徴ベクトルに変換し，そのベクトルを対象として機械学習による分類器の構築および分類器による分野分類を行う．一般に，機械学習を利用した分類において特徴量をどのように選択するかは重要である．本章では，テキストから特徴量（特徴ベクトル）への変換方法として Word2vec（Mikolov et al. 2013a）を用いている．Word2vec はニューラルネットワークを用いて単語単位で分かち書きされたテキストから単語の周辺情報を用いてベクトル表現を獲得する手法である．Word2vec によって作成されたベクトル表現は，各要素が一定の意味を持つと考えられ，単

語ベクトル間での演算をすることにより意味の計算を行うことができる．本手法では Wikipedia テキストデータを対象として各単語に対するベクトル表現を学習する．

⑶　分類器学習フェーズ

　分類器の学習には，正解の NDC が付与されたテキスト集合を学習データとして使用する．対象となるテキストデータは以下の方法でベクトル表現に変換される．まず，テキストデータから形態素解析により単語列を作成し，対応する単語のベクトル表現を前処理フェーズで構築したデータから抽出する．それらのベクトルの単語の頻度による重み付きの和を取り，それをテキストデータのベクトル表現とする．なお，最後に正規化を行い，テキストの長さに依存しないベクトル表現とする．

　本手法の利点は，特徴ベクトルの要素数が限定されることである．単純に単語の頻度を特徴ベクトルの要素として利用する手法では，単語の種類が多くなるにつれ特徴ベクトルの要素数が多くなり，また低頻度語が多いためベクトルが疎になりがちであるため，分類器の学習が困難になってしまう．本手法のように単語を抽象化することでベクトルが疎になることを防ぎ，データが増えても安定した学習を行うことが可能となる．上記の方法で作成したテキストのベクトル表現を用いて，機械学習を用いて分類器を作成する．本章では，機械学習手法として Random Forest（Breiman 2001）を用い，実装にはプログラミング言語 R のライブラリである Ranger（Wright and Ziegler 2015）を使用した．Random Forest は多数の決定木を用いた集団学習アルゴリズムであり，分類時には決定木集合の多数決により最終的な分類を行う．

なお本手法にお
いては，NDC の
基本分類である上
位三桁を対象とし
て分類を行うが，
一度に1000区分
の中から1区分を
推定するのは精度

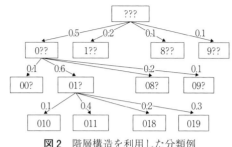

図2 階層構造を利用した分類例

の面で困難であるため，NDC の階層構造を利用して一桁（10区
分）ごとの分類を行った．すなわち，まずは一桁目を分類し，そ
の区分内でさらに二桁目を分類，さらにその区分内で三桁目を分
類することで三桁全てを分類する手法とした．分類の模式図を図
2に示す．

　分類器学習フェーズでは，以下の方法により一桁ずつ分類を行
う分類器を作成する．まず一桁目については学習データに対し一
桁目の値を対象として分類を行う分類器 $C_{*\text{--}}$ を作成する．次に
二桁目については，一桁目の区分 n_1 により10分割したデータそ
れぞれに対し，その中で二桁目の値を対象として分類を行う分類
器 $C_{n_1*\text{-}}$ を作成する．すなわち10区分に分類を行う分類器を，一
桁目の区分ごとに合計10個作成する．また三桁目の分類も同様
に一桁目・二桁目の値 n_1, n_2 により100分割したデータに対し
三桁目の区分をラベルとして分類を行う100個の分類器 $C_{n_1 n_2*}$ を
作成する．以上により10区分の分類を行う分類器が計111個作
成される．なお各分類器においては，分類結果として一つの区分
のみが出力されるのではなく複数の区分がその確率値とともに出
力される．

⑷ **分類フェーズ**

　分類フェーズでは，学習フェーズで構築した分類器を，上位の桁から順次適用していくことで三桁の NDC 分類をテキストに付与する．対象テキストは学習フェーズと同様に単語のベクトル表現を用いてテキストをベクトル表現に変換する．そのベクトル表現を対象とし，学習フェーズで構築された分類器を以下のように適用していく．まず一桁目を分類器 C_{--} を用いて推定する．次に二桁目を，推定された一桁目の区分 m_1 に対応する分類器 C_{m_1-} を用いて分類する．三桁目も同様に一桁目・二桁目の推定された区分 m_1, m_2 に対応する分類器 $C_{m_1 m_2}$ により分類する．これにより三桁の NDC 分類を行うことができる．図 2 の例では，まず NDC が不明な入力テキストに対し一桁目の分類器 C_{--} を適用し，最も確率値が高い一桁目として「0」(確率値 0.5) を得る．次に二桁目の分類には分類器 C_{0-} を使用し一桁目が「0」である NDC の中で二桁目の分類を推定する．図中では二桁目は「1」が最も確率値が高く，二桁目の区分として「1」を得る．続いて三桁目の分類には分類器 C_{01-} を使用し二桁目までが「01」である NDC の中で分類を行い，三桁目の区分として「1」を得，最終的に入力テキストの NDC として「011」が出力される．

　また，上記の手法では各桁において最も確率値が高い NDC 一分類のみが出力されるが，各桁の分類において最も確率値が高い分類だけでなく，分類器から出力された確率値の高い方から指定された個数の区分を利用して次の桁の分類を行う．その際次の桁の分類においては前の桁での確率値を重みとして利用し，その桁での分類による確率値と掛けあわせて最終的な区分の確率値とし，

確率値の高い順に指定された個数の区分を出力する．これにより複数の NDC を出力することが可能

表1 分類実験結果

	一桁目まで	二桁目まで	三桁目まで
TOP1	0.787	0.592	0.388
TOP2	0.891	0.785	0.641
TOP3	0.928	0.852	0.780

となり，また分類の探索範囲の面においても推定する NDC の範囲を広げ，たとえ上位の桁で推定を誤っていたとしても，最終的には尤もらしい分類が得られる可能性が高くなる．

4. 講義の自動分類実験

　前節の提案手法を実装し実験を行った．データには東京大学授業カタログ[2]にて公開されていた 2015 年度のシラバスのうち，人手で NDC 分類を行った 4,205 件を使用した．精度評価は 10-fold 交差検証により行った．これはデータを 10 分割し，それぞれの分割について残りの 9 個の分割データから学習したモデルでの精度の平均により評価を行う方法である．また正解判定は，分類結果の上位 1 件，上位 2 件，上位 3 件の中に，正解の NDC 分類が含まれているかどうかで判定を行った．本分類実験の結果を表 1 に示す．表 1 では，例えば NDC 分類器が出力した最もスコアの高いもの（TOP1）の一桁目が正解していた割合が 0.787 であった，などの結果を示している．出力結果の上位 3 件までを正解と見なすと，一桁目で 9 割強，三桁目までで 8 割弱において正解が得られる結果となった．さらなる精度向上は必要であるものの，講義分類としては十分実用的な精度が得られていると考えられる．

5. 可視化によるカリキュラム比較

　上記の手法を用いて，講義を自動分類したデータを可視化し，カリキュラムの比較を行うシステムを構築した．システム画面例を図3に示す．本システムは，可視化手法として東京大学授業カタログで利用されている MIMA サーチ（Mima et al. 2006）を用い，大学を横軸に，シラバスから自動的に付与された講義の分野分類を縦軸として講義を二次元平面上に配置している．これにより，各大学における講義の分布を俯瞰し各大学の特徴を比較することが可能となる．また分類をシラバスのテキストデータを用いて自動的に行うことにより，各大学のシラバスの形式に関係なく比較を行うことができる．例えば図3では，"物理"に関する授業が点で，授業間の関連が点と点の間の線で表現されている．さらに，それぞれの点が，縦軸は分野毎，横軸は組織毎（この場合，大学毎）に配置されている．図の例では，東京大学では分類「言語」に関しても開講されている授業が，一方の大学では抜けていること，一方で，東京大学には「芸術・美術」分野に係る授業が抜けている，などが一目で分かる．

6. おわりに

　本章ではカリキュラムの比較を目的として，講義シラバスに対する自動分類システムを提案した．また自動分類の結果を利用し講義を可視化することで，大学間でカリキュラムの比較を可能とするシステムを構築した．分類体系として，図書の分類に利用さ

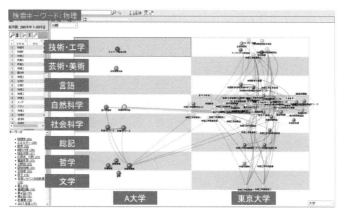

図 3 講義・カリキュラムの可視化例

れる日本十進分類法 NDC を利用し，Random Forest 等の機械学習手法を活用することで，シラバス中のテキスト情報を基に NDC への自動分類が可能となる．自動分類した結果を用いて，拡張した MIMA サーチ（Mima et al. 2006）により二次元平面上に講義を可視化することで，各大学のカリキュラムの特徴を俯瞰的に表現し，単一の基準で比較することが可能となった．

　本章では講義の分野分類に NDC を利用した．これは学問分野の広い範囲をカバーしており，広く一般的に利用されている分類であるという点からであったが，これまでの実験を行った上で，講義分類として利用するという観点，および機械学習を用いて自動的に付与するという観点から見ると NDC においてもいくつか問題点が挙げられる．例えば，NDC では一部には十進分類にするために本来の正しい階層構造となっていない部分など，分類の粒度が整っておらず，講義の分類を行うと一定の偏りが生じてしまう部分が存在する．また「情報」などの比較的新しい分野の分

類があまり充実しておらず，これも偏りの原因となっている．また 007（情報科学）と 548（情報工学）など，比較的類似している分類が階層構造の中で別々に存在しているため，人手でも自動分類でも分類が行いづらい分野が一部存在している．書籍に対し人手で NDC を付与する場合には，より詳しい分類を行うことで正しい分類を行うことが可能であるが，現状の自動分類では実験でも示したとおり精度の面でより詳細な分類を行うことは難しい．

　今後の課題として，カリキュラムの国際比較を検討している．冒頭でも述べたように，デューイ十進分類法（DDC）を用いて予め分類された英語図書等のデータを基に英語 DDC 分類器を生成し，英語シラバスに対して自動的に DDC 分類を行い，DDC と NDC の対応表により NDC へ変換する，などの手法が考えられる．しかしながら，NDC と DDC では対応が取れない部分もあるなど，実際に行うには問題があると考えられる．一方で本システムでは分類に Word2vec という手法を使用しており，この手法は言語によらないため，日本語以外でも同様に単語のベクトル表現化は可能である．さらに言語間でベクトル表現の対応を取ることができれば，日本語のシラバスと NDC により学習した分類器を用いて，他言語のシラバスも分類が可能と考えられる．Mikolov はこのような単語のベクトル表現間の「翻訳」を提案し，対訳データから言語間でのベクトル表現の対応に関する実験を行っている（Mikolov et al. 2013b）．この考え方により，対訳に相当する単語ベクトルが生成できる Word2vec を構築できれば，原理的には，他言語により記述されたシラバスに対しても，同一の分類器（分類モデル）で NDC 分類が可能となり，カリキュラム国際比較が実現できるものと考えている．

また，比較システム全体としての今後の課題としては，自動分類のさらなる精度の向上，および，より高度な可視化手法の検討が考えられる．より具体的には，可視化において，今回は既存のシステムに改良を加え分類を利用して可視化を行ったが，比較対象の増加を考慮し，さらなる視認性の改良を目指したい．

註

1)　https://www.u-tokyo.ac.jp/ja/students/classes/course-numbering.html
　　（参照 2020-02-19）
2)　http://catalog.he.u-tokyo.ac.jp/（参照 2020-02-19）

参考文献

荒井俊介・辻慶太 2015：「機械学習を用いたレファレンスデータへの NDC の自
　　動付与」『情報知識学会誌』25-1: 23-40.
石田栄美 1998：「図書を NDC カテゴリに分類する試み」『Library and informa-
　　tion science』39: 31-45.
石田栄美・宮田洋輔・神門典子・上田修一 2006：「目次と帯を用いた図書の自動
　　分類」『情報処理学会研究報告. FI,. 情報学基礎研究会報告』82: 85-92.
井田正明・野澤孝之・芳鐘冬樹 2005：「シラバスデータベースシステムの構築と
　　専門教育課程の比較分析への応用」『大学評価・学位研究』2: 85-97.
浦芳伸・村上晴美 2011：「NDC を用いた人物ディレクトリの開発」『全国大会講
　　演論文集』2011-1: 651-653.
太田晋・美馬秀樹 2009a：「課題志向別シラバス自動分類システムの設計と実装」
　　『自然言語処理』16-4: 91-106.
太田晋・美馬秀樹 2009b：「10-106 課題志向別シラバス自動分類システムの開発」
　　『工学・工業教育研究講演会講演論文集』21: 172-173.
情報処理学会情報処理教育委員会 2010：情報専門学科におけるカリキュラム標
　　準 J07　https://www.ipsj.or.jp/12kyoiku/J07/J0720090407.html（参照 2018-
　　07-31）
関谷貴之・松田源立・山口和紀 2013：「LDA と Isomap を用いた計算機科学関
　　連カリキュラムの分析」『情報処理学会論文誌』54-1: 423-434.
高木貞治 1999：「図書館における書誌分類：DDC と NDC 間の分類対応表の作
　　成：総合目録データベースを利用して」『大学図書館研究』57: 31-38.
中林雅士 2012：「NDC 分類を使った授業と図書館資料の連携」『大学図書館研
　　究』95: 64-74.
野澤孝之・井田正明・芳鐘冬樹・宮崎和光・喜多一 2005：「シラバスの文書クラ
　　スタリングに基づくカリキュラム分析システムの構築」『情報処理学会論文

　　誌』46-1: 289-300.

畑田稔 1998：「ニューラルネットワークによる図書の自動分類」『全国大会講演
　　論文集』57; 360-361.

原田隆史・江藤正己・大西美奈子 2007：「レファレンスデータに対する NDC の
　　自動付与」『情報知識学会誌』17-2: 61-64.

宮田洋輔・石田栄美・神門典子・上田修一 2006：「NDC の階層構造を利用した
　　図書の自動分類の試み」『2006 年度日本図書館情報学会春季研究集会発表要
　　綱』51-54.

由谷真之・森幹彦・喜多一 2005：「N-007 電子シラバスを用いた大学教養教育の
　　カリキュラム分析（N 分野：教育・人文科学）」『情報科学技術フォーラム一
　　般講演論文集』4-4: 315-316.

Breiman, L. 2001: "Random Forests", *Machine Learning* 45-1: 5-32.

Mikolov, T. and I. Sutskever and K. Chen and G. S. Corrado and J. Dean 2013:
　　"Distributed Representations of Words and Phrases and their Composition-
　　ality", in *Advances in Neural Information Processing Systems* 26. Curran
　　Associates, Inc., 3111-3119.

Mikolov, T. and Q. V. Le and I. Sutskever 2013: "Exploiting Similarities among
　　Languages for Machine Translation". arXiv Preprint arXiv: 1309. 4168.

Mima, H. and S. Ananiadou and K. Matsushima 2006: "Terminology-based Know-
　　ledge Mining for New Knowledge Discovery", *ACM Transactions on Asian
　　Language Information Processing (TALIP)* 5-1: 74-88.

Murakami, H. and Ura, Y. 2011: "People Search Using NDC Classification
　　System", in *Proceedings of the Fourth Workshop on Exploiting Semantic
　　Annotations in Information Retrieval, ESAIR 2011, Glasgow, United
　　Kingdom, October 28*, 13-14.

Murakami, H. and Ura, Y. and Kataoka, Y. 2013: "Assigning Library Classifica-
　　tion Numbers to People on the Web", in *Information Retrieval Technology -
　　9th Asia Information Retrieval Societies Conference, AIRS 2013, Singapore,
　　December 9-11, 2013. Proceedings*, 464-475.

Ota, S. and H. Mima 2011: "Machine Learning-based Syllabus Classification toward
　　Automatic Organization of Issue-oriented Interdisciplinary Curricula", *Pro-
　　cedia - Social and Behavioral Sciences*, 27: 241-247.

Wright, M. N. and A. Ziegler 2015: Ranger: "A Fast Implementation of Random
　　Forests for High Dimensional Data in C++ and R".　http://arxiv.org/abs/
　　1508.0440

第7章　分類の広がり
——分類法の国際化と地域化，多階層化，多目的化の展望

1. はじめに

　図書館における「分類」という業務は，主題から情報資源への
アクセスのために重要とされてきた．しかしながら，図書館学の
主要な分野として活発な研究が行われた 1950 年代に比して，分
類研究は図書館情報学研究の中ではマイナーな分野になってきて
いる．根拠のない，漠然とした分類不要論も提示されることがあ
る（ワインバーガー 2008）．図書館の現場においては，急激な学問
分野の変化，新規知識分野の登場などで旧来の分類法に不都合が
生じている．

　本章では，①アジアにおける標準分類表の現状を概観し，②分
類法のファセット化の動向をレビューする．さらに③電子的情報
資源の環境における分類の役割の変化，④そのために考えられる
方向性を示唆する．

2. アジアの分類

⑴　中国図書館分類法
　中国（中華民国）では，1929 年にデューイ十進分類法（Dewey

179

Decimal Classification：以下「DDC」）に倣った「中国図書分類法」が作成された．その後，中華人民共和国の誕生に伴い，1957 年，マルクス・レーニン主義を 1 類とする改訂を行った（張 2016）．その後「中国図書分類法」は放棄され，1973 年に「中国図書館図書分類法」（以下「CLC」）が策定された（国立情報学研究所 2010）．CLC は『米国議会図書館分類表（Library of Congress Classification：以下「LCC」）』に基本構成を倣い，現在まで改訂を重ね，第 4 版からは「中国図書館分類法」となり最新版は第 5 版（中国国家図書館 2010）である．近野中国語研究所により，日本語対訳版も作成された（1983 年）．

(2) 中文図書分類法

中華人民共和国で放棄された「中国図書分類法」は，台湾では改訂され第 9 版（2007 年）から『中文図書分類法』（New Classification Scheme For Chinese Libraries：以下「NCSL」）として改訂が続いている（張 2016）．0 総類，1 哲学，2 宗教，3 科学，4 応用科学，5 社会科学，6 中国史地，7 世界史地，8 語学文学，9 芸術（中文編目規範標準 2007）という，DDC とも異なる構成になっている．

(3) 韓国十進分類法　KDC

『한국십진분류』（Korean Decimal Classification：以下「KDC」）は，1964 年に韓国図書館協会により作成された（原田 2010；Oh 2012）．最新版は 2013 年の第 6 版である（한국도서관협회 2013）．

(4) 日本十進分類法　NDC

1928（昭和 3）年に青年図書館員聯盟（大阪）の会員であった森

清は，同聯盟の機関紙である「團研究」第1巻（1928,1）に『和洋図書共用十進分類表案』を発表した（森 1928）．翌 1929（昭和4）年に『日本十進分類法』と改題して間宮商店（大阪）から出版された．

「歴史，文学，言語を分類しにくいため DDC を改変して使う」という森清の提案（森 1928）に対し，DDC 編集者の Dorkas Fellows（1928）は，"A Prostest［sic］Against Devized D.C. System" というレターを投稿し，全体の体系を変えるような改編はすべきでないとし，さらに，UDC との整合性も問題にしている．それに対し，鈴木賢祐（1929）は，文献的根拠をもとに反論し，さらに「別個の体系の構成の已むを得ない」としている．

大戦をはさみ NDC は改訂され続け，現在の最新版は新訂第10版（もり 2014）である[1]．NDC の歴史的展開については，藤倉（2018）によりまとめられている．

(5) アジアの分類

これらの分類法を概観すると，欧米の学問体系を基本にしつつ，地域・言語に関して特色を持たせている．また，イデオロギー的なものを0類など冒頭に持ってきているものが多いのも特徴である．CLC ではトップの A に「A マルクス・レーニン・毛沢東・鄧小平理論」を配置している．「すべての知識，思考の基本」を表す最上位にイデオロギー関連を配するのは，共産主義圏で広く行われていた．いっぽうで，NCSL においても中国の思想に相当する「03 国学」（中国学），「09 群経」（儒家の経典）は「12 中国哲学」とは別に0類に配されている（張 2016；立木 2013）．

図1に，これらの分類法の影響関係を示した．なお，公益財団

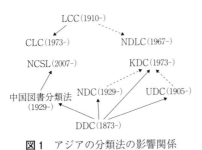

図1 アジアの分類法の影響関係

法人東洋文庫の「東洋文庫中国図書分類表（TDC）」は，NDC および，NDC ベースで作成されていた「中文書籍分類表」に，NCSL も参考にして作成された（新谷 2012）．

3. 分析合成型へ

(1) UDC の改訂

UDC: Universal Decimal Classification は，Otlet と La Fontaine によって，DDC を基に作成された．当初は DDC の "Brussels System" と呼ばれていた．基本構造は DDC と同一であったが，「言語」と「文学」を 8 に統合することによってまったく別の分類表となった．それ以後，UDC は書誌分類に特化した方法で改訂を続けた（Mcllwaine 1994）[2]．

1950–1960 年代の変化としては，「主標数→固有補助標数」「固有補助標数→補助標数」という「ファセット化」の改訂が行われた．前者は下位区分を「固有補助標数」として，本表中の一箇所に提示して（NDC でいう「固有補助表」）「以下に従って下位区分」とするやり方である．後者は，各所で用いられていた「固有補助標数」を全類に共通化して「共通補助標数」として別掲するやり方である．1990 年から 2007 年にかけて，地理，歴史，言語など，地域性のある分野からはじまり，各分野において大幅な改訂が行われ，ファセット化が進んだ（Slavic 2008）．UDC におけるこれ

らの改訂は当初，紙の分類表を少しでも薄くしたいという意図もあったと思われる．今日ではそのような必要はないかもしれないが，論理的な整合性をもって編纂されるようになった．具体的事例と，その効果については後述する．

(2) DDC の改訂

　1980 年に 780（音楽）に対してのファセット化の提案が行われた（Sweeney & Clews 1980）．このもとは，1973 年に最も喫緊に改訂すべき場所について諮問された，英国図書館協会の DDC 分科会の答申である．1975 年に原案を作成したのち，いくつかの議論を経て，1980 年に "Proposed revision of 780 Music" というタイトルで出版された．それに次いで 1996 年の 21 版では，350-354（行政），370（教育），570（ライフサイエンス）で大幅な組み換えが行われた（Martin 1997；Mitchell 1996）．

　2011 年の 23 版では 2（宗教）においてファセット化を伴う大きな変更が行われたが，これは，UDC における宗教の変更を参考にしたものとされる．DDC も改訂ごとにファセット化されている[3]．その過程で，Broughton（2006）らはファセット化の重要性を議論している．

(3) NDC の改訂

　NDC は 1995 年の第 9 版（以下「NDC9」）以来 19 年ぶりとなる 2014 年に第 10 版（以下「NDC10」）が刊行された．改訂の検討段階が図書館雑誌等に公表されており，web サイトでも閲覧することができる（日本図書館協会；那須 2010）．

　NDC10 の「新訂 10 版における主要な改訂」として，「改訂方

針」として①9版の方針を踏襲する，②新主題の追加，③修正・追加，④電子版における本表と相関索引の統合を挙げている（NDC10　序説　3 新訂 10 版における主要な改訂）．

　①に挙げられているように，全体構造を変更するような改訂は見られなかった．NDC10 の改訂に中心的な役割を果たした藤倉恵一は，2008 年に教育学分野に対して，ファセット化の試案を提示した（藤倉 2008）が，それらが実際に反映されることはなかった．

　さらに「追加的対応」として，以下の 5 つが挙げられている：①構成の改変（解説等の章割変更），②補助表の組み換えと固有補助表新設，③［共通細目］［地域細目］の付記の削除，④多数の別法の導入，⑤その他．

　これらのうち，③は表記の問題だが，②については構成の問題であるように見える．分析合成型要素をなるべく共通化，一般化し全表に適用していこうとした UDC の方針（前項参照）とは逆の考え方であるようにも見える．しかし，NDC9 の「言語共通区分」は「共通」とはいうものの，8 類「言語」にしか適用できない規定になっていたので，別表（一般補助表）から本表（固有補助表）に移したということで，分類を運用する上での実質的変化はない．また，これらに示された音声，語源，文法などは，今後も言語以外の分野で応用されることは考えにくい．補助表を本表の近くに置くことによるメリットのみを考えればよいだろう．

　④については情報学関係（コンピュータ書）に顕著である．NDC9 で「007 情報科学」，「547.48 情報通信電子通信」，「548 情報工学」，「694 電子通信事業」などに分散し，なおかつその区別が明確になっていなかった情報通信領域を一本化することが，

NDC10の主要な改訂目標でもあった（藤倉 2010）．しかし，別法で007でも548でも可能という現状追認型のものになった（JLA分類委員会 2014）．これは，一本化することによって再調整の作業を忌避する現場側（とくに MARC 作成者）からの要請が多かったという．そのため「007にまとめる（548別法）」「548にまとめる（007別法）」「2ヶ所に分ける（本則）」の3方式が可能になってしまった．

(4) 分類改訂と再調整

　前述のように，書架分類において分類改訂でいつも問題になるのが，改訂に伴う不連続性である．ある時点で分類表を切り替えれば，同一主題の図書が受け入れ年次により異なる場所に配架されることになる．それを避けるためには旧分類で分類された図書に，新分類への付け替えが必要である．これは，目録データの書換，請求記号の変更，ラベルの貼り替え，書架間の移動を伴う．

　過去にはこのような「再調整」が行われた記録がある．シンガポールポリテクニーク図書館では2007-2008年に UDC から LCC に変更し，再配架を行った（Wan 2009）．また，近畿大学中央図書館では2004年に NDC7 から NDC9 への変更を行った（城・井村 2005）．ここでは情報分野の変更が膨大であったと述べられている．

　分類の変換表や自動変換システムは，実務上の要請から古くから提供されてきた（丸山・丸山 1984；福田 1989；岡田 1994；和田 1997 など）．しかし，旧版から新版への変換は，新版のほうがより細分化していることが多いため，自動変換は難しく，人手をはさんだ「半自動変換」が多く用いられる．このことが，前述の再

調整をためらわせる理由となっている.

　仮に，別法を用いず，情報分野を統合するという改訂を行った場合，どのような不都合を生じるだろうか．再調整が必要になるのはどれくらいであろうか．情報通信分野の変化は早く，寿命の短い資料も多いため，条件を変えてのシミュレーションが必要になるだろう．分類表上の連続性を担保したとしても，同一分類とされる図書の内容は発行年により大きく急激に異なる．分類表の改訂が明らかに分野の変化に追いつけないでいる．このような分野では，分類の継続性はほとんど意味を持たない．実際，情報・コンピュータ図書の配架にはNDC10の体系は使いにくく，この分野を中心に非NDC配架を行う図書館も多い（内海 2014；川瀬・北 2018；みんなの図書館編集部 1983 など）.

4. 現代における分類の役割

⑴ 総合目録, MARC による画一化

『図書館ねこ　デューイ』という本がある．米アイオワ州の小都市で公共図書館の返却箱に捨てられた子猫を図書館で飼ったという実話である（マイロン 2008）．アメリカ合衆国の小都市の公共図書館の日常が描かれていて，図書館学の学生にはよい参考資料となる．各大学図書館における分類を見ると，936（記録. 手記），645.7（家畜 - 猫），016.253（公共図書館 - 米国）などが付与されている．933（小説），934（随筆）などもある[4]．図書館学課程を持つ大学図書館で，この図書を収集する目的として考えた場合，主題としては「英米文学 - 記録. 手記. ルポルタージュ」や「家畜 - 猫」よりも「公共図書館 - 米国」が望ましい．いっぽう，「ちょ

っとふしぎなその捨てねこが，町に奇跡を起こします．本当にあった感動の物語.」（内容紹介より）となっており，公共図書館で物語として読む利用を考慮すると9類に配架するのがよいかもしれない．

　『昔話の深層——ユング心理学とグリム童話』は心理学者河合隼雄（1977）の著作で，多くの大学図書館では NACSIS-CAT に従い388（伝説.民話）が付与されている．タイトルの「昔話」による，一部 909（児童文学研究），943（ドイツ文学‐小説），146.15（臨床心理学.精神分析学‐ユング）の図書館もある．心理学課程のある大学においては146（心理学）に置いて欲しいだろうが，多くは388に置かれている．

　これらの例からは，MARC（機械可読目録）に依拠しすぎることによって「想定される利用者の情報要求にみあった分類付与」が行われていないという現状がわかる．これは分類法自体の問題ではなく，主題把握の問題と MARC 利用体制の問題である．

(2)　複数付与と記号合成

　検索においては複数の分類記号を付与することによる解決も考えられる．書架分類の前提条件の「一物理単位（一冊）に1つの記号」という制約は，検索に関しては守る必要はない．最も簡単には，「388」「943」「146.15」を並行して付与することによりどこからのアクセスも可能になるという考え方である．AND 検索を使い複合主題「民話 AND 心理学」を検索する場合は事後結合式の索引として機能する．実際，NACSIS-CAT では，書誌レコードの中に複数の分類を付与している．NDC では複合主題を分類記号の結合で表すことはできないが，UDC では，これを複合

主題と考え，「821.112.2:159.964.2:398.2:82-34」という記号を合成することも可能である．これを正しくパーズできれば，各々の分類記号やそのキャプションから複合的な検索も可能になる．上田修一（2013）の「分析合成型分類は，分類記号法が込み入っており，現在の情報検索システムに向いていない」との指摘は裏を返せば「現在（2013年）の図書館などで利用されている情報検索システムは，合成された分類記号をパーズする能力がない」との指摘と見ることもできる．自動または手動による，意味関係の付与の有効性については後述する．

(3) KOS[5] の寡占化と統合

多くの国（デンマーク，スウェーデンなど）で，独自の分類をメンテナンスする努力が放棄されている．DDCへの寡占化が進んでいる（Hjørland 2012；Svensk biblioteksförening 2010）．SAB（Klassifikationssystem för svenska bibliotek スウェーデン図書館分類法）からDDCへの切り替えの議論において，メリットとして，国際システムであること，知識共有の可能性，合理化の可能性を挙げ，デメリットとしては，切り替えのコスト，適用が必要であること，切り替え期間の不都合，文化的側面を挙げている（Svensk biblioteksförening 2010）．専門書の英語への集中も背景にあると思われるが，内外の文献を共通の分類で検索することの利点も重要となっているようだ．件名標目表についても世界的にLCSH（Library of Congress Subject Headings：米国議会図書館件名標目表）へ移行する傾向がある．いっぽう，NDC成立時の議論に見えるように，分類の独自性，とくに地域性，学問分野の独自性からの要請から，独自の分類が求められることもある．これらの国や地域での使用

に耐えるためには，国際的な KOS のグローバル化とローカル化可能性が必要となる．

(4) 分類法のグローバル化とローカル化

前述のように UDC では，ファセット化が進められたが，それは，ヨーロッパ偏重から，世界規模への転換でもあった．1991年段階の UDC の日本語中間版第 3 版（情報科学技術協会 1994）をみると，「2 宗教」は，「21 神学」，「22 聖書」，「23-28 キリスト教」，「29 一般および比較宗教学，キリスト教以外の宗教」，となっており，ほとんどをキリスト教が占めていた．1993 年の提案（UDC 1993）に従い 2000 年から 2006 年に改訂されたものをもとにした日本語要約版（2014）では，「21 有史以前の宗教」，「22 極東起源の宗教」，「23 インド亜大陸起源の宗教」，「24 仏教」，「25 古代の宗教，小規模の宗派と宗教」（旧 292），「26 ユダヤ教」（旧 296），「27 キリスト教」（旧 23-28），「28 イスラム教（回教）」，「29 現代の宗教的運動」という構成になり，各宗教の人（神や教祖を含む），活動，儀式などは宗教の固有補助標数を組み合わせるものになっている（図 2）．キリスト教以外の宗教へ対応するために，旧 29 の下位区分を充実させることではなく，ファセット化することで対応した．その結果大規模な標数の組み換えとなった（Broughton 2000）．いっぽうで，東洋医学に関しては，日本からの提案にもかかわらず，東洋医学（漢方）は「medicine」でなく「alternative medicine」であるという立場から，医学には組み入れられず，アジアからの提案は拒否された（石川 2004）．NDLC, National Library of Medicine Classification（NLMC: 米国医学図書館分類），NDC, CLC における東洋医学の扱いを図 3 に示す．

〈改訂前〉		〈改訂後〉	
2	宗教	2	宗教，神学
21	自然神学，神義論	21/29	宗教組織，宗教と信仰
22	聖書	21	有史以前の宗教，原始宗教
23/28	キリスト教	22	極東起源の宗教
23	教理神学，教義学	221	中国の宗教
24	実践神学	223	朝鮮の宗教
25	司牧神学，牧会神学	225	日本の宗教
26/28	キリスト教会一般	23	インド亜大陸起源の宗教，広義のヒンズー教
26	キリスト教会一般		
27	キリスト教会史	24	仏教
28	キリスト教会，団体，諸派	25	古代の宗教，小規模の宗派と宗教
29	一般および比較宗教学，キリスト教以外の宗教		
		26	ユダヤ教
291	一般宗教学，比較宗教学	27	キリスト教
292/299	キリスト教以外の宗教	28	イスラム教（回教）
292	古代ギリシア，ローマの宗教，古典神話	29	現代の宗教的運動
		2-1/-9	宗教の固有補助標数の細分
293	ゲルマン民族，バルト・スラブ民族の宗教	2-1	宗教の理論と哲学，宗教の本質，宗教現象
294	インドの宗教		
295	ペルシャの宗教	2-2	信仰のあかし（註：聖典，典礼など）
296	ユダヤ（イスラエル）の宗教，ユダヤ教		
		2-3	宗教における人（註：教祖，救世主など）
297	イスラム教（回教）		
298	ヨーロッパの各種の宗教	2-4	宗教活動，宗教的実践，宗教的習慣
299	その他の宗教		
299.1	アリアン民族の宗教	2-5	礼拝一般，崇拝，儀式（注：教会，祝祭等）
299.2	セム族の宗教		
299.3	ハム族の宗教，エジプトの宗教	2-6	宗教における過程
		2-7	宗教団体と管理
299.4	ウラルアルタイ民族の宗教	2-8	特性による特徴別宗教
299.5	東アジア民族の宗教	2-9	信仰，宗派または教会の歴史
299.51	中国の宗教		
299.52	日本の宗教，神道		
299.6	アフリカ原住民族の宗教		
299.7	南アメリカ原住民族の宗教		
299.8	北アメリカ，中央アメリカ原住民族の宗教		

図 2　改訂前後の UDC「2 宗教」

UDC の場合は，体系の中に「東洋医学」はなく，たとえば，

615.8 理学療法．物理療法．放射線療法．その他薬物療法以外の療法
615.81 機械的効果による療法
615.814.1 鍼術

のような各所に個別技術が分類されることになる．

```
NDLC                          CLC
SC 医学                        R 医薬，衛生
SC851 漢方医学                 R1 予防医学，衛生学
                              R2 中国医学
NDC10                         R3 基礎医学
49 医学                        R4 臨床医学
490 医学                       R5 内科学
490.9 東洋医学，               R6 外科学
      漢方医学，               R79 外国民族医学
      古方，蘭方

NLMC
WB Practice of Medicine
WB 55 Traditional medicine
WB 55.C4 Chinese traditional medicine
```

図 3　各分類表の「東洋医学」の扱い

東洋医学の場合，宗教の例とは異なり，西洋医学と東洋医学の並立がどこまで可能かという問題もある．ファセット化の困難なほどのアプローチの違いがあるものと思われる．同一主題にまったく別の概念体系を持ち込むことになる可能性がある．

5. 分類の可能な展開

(1) 書誌分類／書架分類の関係の変化

分析合成型・ファセット型では日本の図書館情報学教育の中ではほとんど取り扱われていないし，否定的に，あるいは過去のものとして扱われている．

「分析合成型の分類記号によって図書を書架上に並べるこ

とに特別な利点はなく，分析合成型は，書誌分類のための仕組みとして捉えられることが多い．ただし，書誌分類を必要とする冊子体での書誌・目録の役割はコンピュータによる情報検索の発達により縮小しつつある．それに伴い，分析合成型の分類体系自体の重要性は相対的に低下していると考えられる．」（岸田 2013）

「しかし，分析合成型分類は，分類記号法が込み入っており，現在の情報検索システムに向いていない．また，分類表の維持管理機関がないため，今では，UDC もコロン分類法もほとんど使われなくなっている．」（上田 2013）

これらの議論は分析合成型，およびファセット分類への世界的傾向とまったく異なるものである．注意すべき点は，これらの議論が主として記号法の問題について行われていることである．分析合成・列挙型の差異を概念体系に求めるか，記号法に求めるかによっての違いもある．検索の観点から記号法の重要性は減少しているが，それは概念体系の構築における多ファセット的方法を否定する理由にはならない．

緑川（2014）は，分類法を構造面と，合成されたあるいは取り出された方法の記号表記とを分離して考える「構造－表示方法説」を提示した．ただし，ここでいう「構造」は分類表上に表された（つまり記号順に並べた際の）構造を扱っており，記号上に現れない概念の構造までを扱っているわけではない．

次項では，この表示されない階層関係の潜在的な可能性について論じる．

⑵　明示されない多階層関係

　階層関係に関して，1回の下位区分にただひとつの区分原理を用い，排他的に区分する階層関係 "monohierarchy" と，1回の下位区分に複数の区分原理を併用することで，非排他的に区分する関係 "polyhierarchy" がある．本章では前者に「単階層」，後者に「多階層」の用語を用いる[6]．これらの関係は，分類法の議論よりも，「概念間の関係」としてシソーラスやターミノロジーの分野で問題にされてきた．

　分類法の議論において，多階層は，「交差分類」として「区分の法則のうち，一貫性の原則が守られない場合に生ずる結果」（図書館情報学用語事典）などとして，望ましくないものとして扱われてきた．いっぽう，Thesaurofacet（Aitchson 1970），Classaurus（Bhattacharyya 1982）など，分類とシソーラスの融合の過程では必ず多階層が用いられた．

　NDC をはじめとする多くの列挙型分類法においては，単階層の構造が取られ，記号法もそれに基づいたものになっている．異なる類にある類似概念への参照は相互参照によってのみ行われるが，相互参照は系統的に付与されていないことも多い．そのため，分類表で下位分類へと階層をたどっていったときに，いったん分岐を誤ると，正しい分類にたどり着けないことが生じる．また，各所に点在している関連主題，下位概念を見つけることも困難になっている．

　NDC における「歴史」を例にとる．

　「200 歴史」の下位区分の区分原理は一回目が「地域」（210-270）である．

　「210 日本史」の下位区分は通史（210.2-7）で「時代」，各地

(211-219) が「地域」となっている．この時点ですでに交差分類
となっているが，注記によって優先順位を決めている．「音楽史」
「金融史」などの下位区分を生じる「分野」という区分原理は
「200 歴史」の下にはない．いっぽうで各分野において「～史」
という分類項目は点在し，さらに形式区分 -02 を付与することで
「～の歴史」という主題に対して分類付与できる．これらの分類
は「200 歴史」の下をながめていても発見することはできない．
多くのものに関しては注記や参照もない．このような「隠された
多階層関係」を多くの列挙型分類法は持っている．

　分類法全体が完全な単階層なら，すべての歴史が「200 歴史」
の下位に入り，なおかつ 1 回の下位区分にただひとつの区分原理
なら，歴史＞日本史＞日本近代史＞日本近代の金融史，のように，
「地域」「時代」「分野」の区分原理が適用された先に「日本金融
史」は位置づけられなければならないはずである．しかし「歴
史」「経済」という非排他的な類が存在していることにより，「歴
史 - 日本金融史」のつながりは分断され，分類表上に現れない．
これらの「明示されない階層関係」の例を図4に示した．

　「日本金融史」は合成された項目であるから，本表中には存在
しない．そのためあらかじめ図5のような関係を定義しておくこ
とはできない．しかし，合成された記号をパーズすることにより
「日本」の意味を読み取ることは可能である．

　このような意味上の多階層は，歴史，法律，教育など，各分野
にわたる主題で多く存在するが，以下に NDC10 の中の例をいく
つか挙げる．

　　「544.3 電気工学 - 送電・変電・配電 - 変電所」「516.57 鉄道
　　工学 - 変電所」

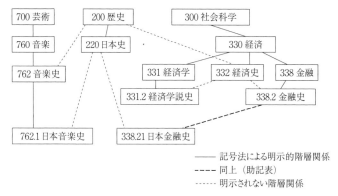

——— 記号法による明示的階層関係
---- 同上（助記表）
······ 明示されない階層関係

図4 NDC における明示される／されない階層関係

（用途による分岐）

「588.7 食品工業 - 香辛料」「619.91 農産物製造・加工 - 香辛料」

（観点は異なるもののほぼ同一概念）

「210.74 日本史 - 昭和 - 日中戦争」

「222.074 歴史 - 中国 - 抗日戦争期」

（前者は地域別 - 時代別 - 事象，後者は地域別 - 時代別と，区分原理の適用が異なっている）

```
日本金融史（338.21）
  BT 金融史（338.2）
    ・金融（338）
      ・経済（330）
        ・社会科学（300）
    ・経済史（332）
      ・経済（330）
        ・社会科学（300）
    ・歴史（200）
日本史（210）
  ・歴史（200）
```

図5 「日本金融史」のシソーラス式表示

多くの列挙型分類法においては，記号法の他には，意味的な階層関係を明示するものは，任意に付与される相互参照や注記しかない．上記の例ではいずれも，本表中に参照等は記されていない．しかしながら，これらの明示されない階層関係は，分類項目を見つけたり，検索機能の補助として有効に使うことができる．これらを関連づけることにより多くの探

索で見逃されていた文献群へのアクセスが可能になろう．関連づけの作業は手作業にならざるを得ない．後述する NDC の LOD 化の試行（日本十進分類法の Linked Data 化）においても，記号法のパーズによってのみ階層関係を定義していて，明示されない関係を手作業で拾い出すことは行われていない．

　純粋に階層関係にすることのできない関係や，擬階層関係（分野－事象，事象－用具）なども，状況によっては有効な案内になることから，単純な上位－下位の階層関係でなく，シソーラスに見るような「類種関係」「例示関係」「全体部分関係」などの階層関係に加えた「関連関係」の種類を導入したり，さらにはオントロジーにおける「isa」「partof」などのさまざまな関係を導入することも考えられる．

　これらは，①書架上での参照案内，②分類表本表の参照，③検索システムへの組み込みによって有効活用できる．とくに③の場合は，記号法と関係なくフリーワード検索したときの補助ツールとして期待できる．従来の検索システムにおいて分類検索が不備であり，そのために「フリーワード検索」という不完全な方法が推奨されてきたが，何らかの形でこれらの語を検索可能にすれば，タイトル中の語よりは良好な検索が可能になるだろう．

　分析合成型分類法でも，すべての概念が合成表示されるわけではないので，隠された階層関係は存在する．合成された記号はパーズすることにより，構成要素概念の語を付与することは可能だが，UDC の主標数のように合成されていない記号については，人手によって意味付与しなければならないであろう．

⑶ KOS の統合と相互運用（interoperability）

　これまで汎用的な分類について扱ってきたが，この他に分野別の特殊分類がある．汎用の分類と特殊分類を組み合わせて使っている図書館もある．専門分野に関しては独自分類を，その他の分野，周辺分野に関しては NDC などの汎用分類を使用する例がある．これらの専門分野のために作られた分類表を集積・統合することによってより広い分類表を形成することができる．この場合，分野ごとの主題専門家によって作成された分類表の，分野間の調整が必要となる．

　KOS の統合は記号法だけでなく，概念体系の組み換えを伴うことになることが多く，作業は複雑になる．シソーラスにおいては，JICST 科学技術用語シソーラス（日本科学技術情報センター 1975）（その後「JST 科学技術用語シソーラス」）は分野別のマイクロシソーラスを統合して作成された（斉藤・諸岡 1977）．INIS（International Nuclear Information System：国際原子力情報システム）および ETDE（Energy Technology Data Exchange：エネルギー技術データ交換計画）の 2 つのシステムで相互運用が検討され，1987 年頃からシソーラスの統合（"reconciliation"「和解」という語が使われた）の作業が行われた（IAEA 2007）．エネルギー技術全体を対象とする ETDE と，原子力の平和利用を主題分野とする INIS では，前者のほうが範囲が広いため，INIS シソーラスの大部分は ETDE シソーラスのサブセットになっていた．それにもかかわらず，既に使われている 2 つのシソーラスの概念体系のすりあわせには，大変な努力と時間を要した（Duresa & Vakula 2015）．

　シソーラスに関する ISO 規格は，単言語シソーラスに関する ISO 2788（ISO 2788: 1986）と多言語シソーラスに関する ISO 5964

（ISO 5964: 1985）であったが，2011年にISO 25964となった．単言語，他言語の区別をなくし，ISO 25964 part1（ISO 25964-1: 2011）で双方を扱い，さらにISO 25964 part 2（ISO 25964-2: 2013）では"Interoperability with other vocabularies"として，他のKOSとの相互運用性についてのパートが設けられた．ここでは，複数のシソーラス間の相互運用のみでなく，分類表，タクソノミ，件名標目表，名称典拠リスト，オントロジー，ターミノロジー（用語集）などが対象とされている．その中で，合成された記号については，複合的な同等性の判断（compound equivalence）が必要と記されている[7]．

LOD（Linked Open Data）は，web上でデータを公開し共有するための方法で，異なる体系のデータ同士を結びつけることも可能である．「セマンティックweb」のための道具立てとされてきた．分類表の多くもLOD化され（橋詰 2015；中井ほか 2016）公開されている．

VIAF（Virtual International Authority File）は，各国図書館で作成された人名典拠などを結びつけ，統一的な検索に役立てることができる．しかし，人名などの典拠レコードは，同一を示す「sameAs」で関連づけやすいのに対し，概念や主題は自動的な照合による対応付けが難しく，主題分類に関してVIAFに相当する仕組みが作られるに至っていない．

6. おわりに

現在の分類は，世界的にファセット化に向かっている．ファセット分類を，記号法を超えて捉える必要がある．また，KOSの

グローバル化，寡占化の一方で「相互運用」に多くの期待が寄せられている．分類は，作成，メンテナンス，運用において手作業によらざるを得ないことが多い．「主題の同定」は「人の同定」や「著作の同定」よりも恣意性が入り込みやすい．分類法のメンテナンスは，自動化は困難で，多くのマンパワーを必要とする．多くの KOS において，メンテナンスの要員が不足しており，改訂の遅れの原因になったり，改訂自体の放棄につながっている．各専門分野における最新の知見の導入も進んでいない（Hjørland 2012）．これらの，分野の変化への対応の遅れや，階層関係の論理性の問題は，古くから分類研究において指摘されているものであり，未解決で残されている．

　人間が主題を認識し，知識を組織化する方法として開発されてきた分類法は，必ずしも機械への実装に向いた論理になっていない．特に階層関係が直感的なものやプラグマティックな理由で規定されている．これは，分類法の階層関係と，シソーラスやオントロジーの階層関係を比較すれば，簡単にわかる．

　これを逆の視点から見れば，人手により作成された分類などの KOS は，人間の認知に親和性が高いと思われる．記号法に現れない知識が内在する分類から，知識を明示的に取り出すことができれば，既存のオントロジーなどとは別のタイプの知識を提供できるかもしれない．手作業を含む方法は近年とくに嫌われるが，分類に関しては，これらの手作業を含んだ作業はメンテナンスやさらなる応用のために避けられないし，そのリソースを確保していくことは重要であろう．

（謝辞）　日本における UDC の窓口をされている戸塚隆哉氏には UDC の記号法

を詳しく御教授いただいた．また，本章で扱った内容の多くは，情報科学技術協会「分類／シソーラス／indexing 部会」における討論に触発されたものであり，部会メンバーに感謝の意を表したい．

註

1) NDC の「版」については，出版物としてのと，分類表としての「版」が混在している．「抄録第 6 版（1947）」「縮刷第 7 版（1947）」「縮刷第 8 版（1948）」の内容は「訂正増補第 5 版」と同一である．「新訂 6 版（1950）」以後，「新訂 X 版」は，内容の改訂されたものを指す．

2) UDC は連続的に改訂が行われており，NDC や DDC のように「第 X 版」という特定のしかたはできない．"Extensions and Corrections" のどこまでを反映しているか，という表記になる．冊子体は 2006 年に BSI から出版されて以来作られていない（BSI 2006）．

3) 「分析合成型分類」と「ファセット分類」は混用されているが，厳密には前者のほうが広い概念である．ファセット分類は分析合成型を実装する唯一の方策ではない．

4) 中に 645.6 が付与されている図書館もある．NDC9 では，「645.6 犬」「645.7 猫」であるが，NDC8 では，「645.6 犬．猫」「645.7 うさぎ．養兎業」となっている．NACSIS-CAT の書誌レコードには各種分類が付与されており，そこに「NDC8 645.6」というデータがある．原著が 2008 年刊行の図書に NDC9（1995）より前の NDC8（1978）が付与されている．

5) 「索引言語：Indexing Language」という用語が，主題組織のためのツール，分類法，シソーラス，件名標目表などを語彙だけでなく文法も含めた概念として表す用語として用いられてきた．近年ではヨーロッパを中心に「KOS:Knowledge Organization System」という用語が用いられることが多い（Mazzocchi 2018）．通常 KOS にはターミノロジー（用語集）やオントロジーも含まれる．日本語の定訳がないので本章では「KOS」を用いる．

6) "monohierarchy/polyhierarchy" に対応する日本語の用語が混乱しており，「単ファセットの階層／多ファセットの階層」「一次元的階層／多次元的階層」「単階層／多階層（フーグマン 1994）」「階層構造／多次元構造（緑川 2014）」「単純階層／多重階層（コンピュータ用語）」，のような対の用語が使われ，さらに後者のみに「複数上位関係（図書館情報学用語事典）」という用語が用いられたりしている．ISO 5127:2001 およびその修正国内規格のJIS X0701:2005「情報及びドキュメンテーション―用語」では当該概念を表す用語はなく，「単一題目主題分類法（monothemic classification）／複数題目分類法（polythemic classification）」で区別されている．2017 年に改訂された ISO 5127:2017 では "monohierarchy/polyhierarchy" の両用語は含まれている．

7) シソーラスに関する国内，国際規格は多いが，分類法に関する ISO 規格は存在しない．JIS には JIS X0901「国際十進分類法」があるが，特定の分類法に関するものであり，分類法一般に適応可能なものはない．

参考文献

石川徹也 2004:「UDC 事業の撤退に伴うお知らせ」『情報の科学と技術』54-11:
　　i-iii.

上田修一 2013:「列挙型分類法と分析合成型分類法」上田修一・倉田敬子（編）
　　『図書館情報学』勁草書房, 153-154.

内海暁子 2014:「神奈川県立川崎図書館における「クラスタ配置」の変遷——
　　NDC にとらわれない排架方法の模索」『神奈川県立図書館紀要』11: 67-91.

岡田隆 1994:「DDC から NDC への機械変換の試み——本学図書館の実データ
　　を基に」『私立大学図書館協会会報』102: 125-131.

河合隼雄 1977:『昔話の深層——ユング心理学とグリム童話』福音館書店.

川瀬綾子・北克一 2018:「「ツタヤ図書館」の資料区分を検証する　その7——5
　　つの「ツタヤ図書館」のシステムを中間総括する」『情報学』15-1: 60-74.

岸田和明 2013:「分析合成型分類法」根本彰・岸田和明（編）『情報資源の組織
　　化と提供』東京大学出版会, 65.

国立情報学研究所 2010:『NACSIS-CAT 関連マニュアル　中国図書館図書分類法
　　（CLC）について』http://catdoc.nii.ac.jp/MAN2/catmanual/china_bunrui.
　　html（参照 2018-09-30）

近野中国語研究所（訳）1983-1987:『中国図書館図書分類法——中日対訳』中国
　　図書館図書分類法編輯委員会（原編）, 中ソ図書分類法翻訳文庫, 第 6, 7, 8
　　回.

斉藤和男・諸岡徹 1977:「JICST 科学技術用語シソーラス」『情報管理』20-2:
　　143-153.

JLA 分類委員会 2014:「日本十進分類法第 10 版試案の概要（その 11）「情報学」
　　の部」『図書館雑誌』108-1: 38-41.

城省自・井村徹 2005:「日本十進分類法（NDC）新訂 7 版から新訂 9 版への変
　　更について」『香散見草——近畿大学中央図書館報』33: 18-19.

情報科学技術協会 1994:『UDC 国際十進分類法　日本語中間版第 3 版』丸善.

鈴木賢祐 1929:「日本十進分類表ノ立場 Dorkas Fellows 女史ノ「改變十進分類
　　法ニ對スル抗議」ニ対シテ」『圕研究』2-2: 263-273.

立木正久 2013:「中国近現代図書館分類法の功罪に関する考察」『茨城大学人文
　　学部紀要　社会科学論集』55: 59-70.

張恵 2016:「デューイ十進分類法, 中文図書分類法, 日本十進分類法の比較」筑
　　波大学修士（図書館情報学）学位論文・平成 28 年 3 月 25 日授与（36001 号）.
　　http://hdl.handle.net/2241/00145441（参照 2018-09-30）

中井万知子・藤倉恵一・橋詰秋子・福山樹里・神崎正英 2016:「日本十進分類法
　　の Linked Data 化——セマンティック Web への対応を目指して」『情報管
　　理』59-4: 209-217.

那須雅熙 2010:「「日本十進分類法（NDC）新訂 10 版」試案説明会（中間報告）
　　の概要」『図書館雑誌』104-3: 164-165.

新谷扶美子 2012:「中国語図書分類検索の作成作業に携わって」『東洋文庫書報』

44: 25-31.

日本科学技術情報センター（編）1975：『JICST 科学技術用語シソーラス』日本科学技術情報センター.

日本図書館協会：「日本十進分類法新訂 10 版の検討試案」 http://www.jla.or.jp/Default.aspx?TabId=187（参照 2018-09-30）

橋詰秋子 2015：「ウェブ時代の図書館分類法：Linked Data の可能性」『現代の図書館』53-3: 143-148.

原田美佳 2010：「韓国十進分類法（KDC: Korean Decimal Classification）」『現代の図書館』48-4: 253-261.

Fellows, D. 1928：「改變十進分類法ニ對スル抗議」『圕研究』1-4: 548-551.

福田博同 1989：「DDC-NDC の変換対応表について：分類付与支援データベースの共同作成を目指して」『大学図書館研究』34: 80-90.

フーグマン，ロベルト 1994：『情報システム・データベース構築の基礎理論』情報インデクシング研究会（訳），情報科学技術協会.

藤倉恵一 2008：「NDC 発展の可能性をさぐる——教育分野の検討から」『私立大学図書館協会会報』130: 150-155.

藤倉恵一 2010：「日本十進分類法（NDC）10 版試案の検証」『私立大学図書館協会会報』134: 106-111.

藤倉恵一 2018：『日本十進分類法の成立と展開——日本の「標準」への道程 1928-1949』樹村房.

マイロン，ヴィッキー 2008：『図書館ねこデューイ——町を幸せにしたトラねこの物語』羽田詩津子（訳），早川書房.

Mcllwaine（原著）1994：『UDC の使い方』中村幸雄（訳），情報科学技術協会.

丸山昭二郎・丸山泰通編 1984：『図書分類の記号変換：DDC, LCC, NDC』丸善.

緑川信之 2014：「構造—表示方法説から見たランガナータンとヴィッカリーのファセット概念」『Library and Information Science』71: 1-25.

みんなの図書館編集部 1983：「書店の配架はなぜ捜しやすいか」『みんなの図書館』78: 10-14.

森清 1928：「和洋図書共用十進分類表案」『圕研究』1-2: 121-161.

森清 1928：「和洋図書共用十進分類表案 II 相関索引」『圕研究』1-3: 380-426.

もり・きよし（原編）2014：『日本十進分類法 新訂 10 版』日本図書館協会.

もり・きよし（原編）1995：『日本十進分類法 新訂 9 版』日本図書館協会.

ワインバーガー 2008：『インターネットはいかに知の秩序を変えるか？——デジタルの無秩序がもつ力』エナジクス.

和田造 1997：「図書館システムにおける分類記号自動変換機能の構築：川村学園女子大学図書館における事例報告」『情報の科学と技術』47-12: 681-685.

国家图书馆《中国图书馆分类法》编辑委员会（編）2010：『中国图书馆分类法 第5 版』國家圖書館出版社.

中文編目規範標準 2007：『中文圖書分類法』 http://catweb.ncl.edu.tw/class2007/96-1-1.htm（参照 2018-09-30）

한국도서관협회 2013：『한국십진분류법 = Korean decimal classification and

relative index 제 6 판』 한국도서관협회 분류위원회 편.

Aitchison, J. 1970: "The Thesaurofacet : A Multipurpose Retrieval Language Tool", *Journal of Documentation*, 26-3, 187-203.

Bhattacharyya, G. 1982: "Classaurus : Its Fundamentals, Design and Use", in *Universal Classification : Subject Analysis and Ordering Systems : Proceeding of the 4th International Study Conference on Classification Research, 6th Annual Conference of Gesellshaft für Klassifikation, Augsburg, 28 June - 2 July 1982* : Vol. 1. Edited by I. Dahlberg. Frankfurt : Indeks Verlag.

Broughton, W. 2000: "A New Classification for the Literature of Religion" *International Cataloguing and Bibliographic Control* 29-4: 59-61.

Broughton, W. 2006: "The Need for Faceted Classification as the Basis of All Methods of Information Retrieval", *Aslib Proceedings* 58-2: 49-72.

BSI 2006:BIP 0017:2006 "Universal Decimal Classification (UDC). Complete edition", Vols. 1 & 2.

Duresa, B. N.& Vakula, O. 2015: "The INIS Thesaurus: Historical Perspective" *Nuclear Information Newsletter* 17: 81-85. https://www.iaea.org/inis/products-services/newsletter/INIS-Newsletter-2015-17/INIS-Newsletter-2015-1727015.pdf (accessed 2018-09-30)

Hjørland, Birger 2012: "Is Classification Necessary after Google?", *Journal of Documentation* 68-3: 299-317.

Internarional Atomic Energy Agency 2007: "Joint Thesaurus" ETDE/INIS Joint Reference Series No. 1 (Rev. 2). Vienna: International Atomic Energy Agency. https://www-pub.iaea.org/MTCD/Publications/PDF/JRS1r2_web.pdf (accessed 2018-09-30)

Martin, G.S. 1997: "The Revision of 350-354 Public Administration and 560-590 Life Sciences in Edition 21 of DDC", in Lois Mai Chan, L. M. & Mitchell, J. S. (eds) *Dewey Decimal Classification : Edition 21 and International Perspectives : Papers from a Workshop Presented at the General Conference of the International Federation of Library Associations and Institutions (IFLA), Beijing, China, August 29, 1996*. New York: Forest Press.

Mazzocchi, F. 2018: "Knowledge Organization System (KOS): An Introductory Critical Account". *Knowledge Organization* 45-1, 54-78. Also Available in Hjørland, Birger, ed. "ISKO Encyclopedia of Knowledge Organization", http://www.isko.org/cyclo/kos (accessed 2018-09-30)

Mitchell, J.S. DDC 21: "An Introduction", in Lois Mai Chan, L. M. & Mitchell, J. S. (eds) *Dewey Decimal Classification : Edition 21 and International Perspectives : Papers from a Workshop Presented at the General Conference of the International Federation of Library Associations and Institutions (IFLA), Beijing, China, August 29, 1996*. New York: Forest Press.

Oh, D. 2012: "Developing and Maintaining a National Classification System, Experience from Korean Decimal Classification", *Knowledge Organization*

39-2: 72-82.

志保田務，家禰淳一による日本語訳「国内標準分類法の発展と維持：韓国十進分
類法の経験から」http://techser.info/wp-content/uploads/2016/10/69-
20161027-4-PB.pdf（参照 2018-09-30）

Slavic, A., Corderio, M. I. & Riesthuis, G. 2008: "Maintenance of the Universal
Decimal Classification", *International Cataloguing and Bibliographic Control*
37-2: 23-29.

Svensk biblioteksförening 2010: "Dewey som klassifikationssystem –varför bör vi
byta ut SAB?", Rapport från Svensk Biblioteksförenings utvecklingsråd för
media och samlingar. https://www.biblioteksforeningen.se/rapporter/
dewey-som-klassifikationssystem-varfor-bor-vi-byta-ut-sab/（accessed 2018-
09-30）

Sweeney, R. & Clews, J. 1980: *DDC, Dewey Decimal Classification : Proposed
Revision of 780, Music : Based on Dewey Decimal Classification and Rela-
tive Index* New York: Forest Press.

UDC 1993: "Universal Decimal Classification Proposal for Class 2 Religion"
Extensions and Corrections to the UDC 15, 1993: 99, 45-63.

Wan, L. T. 2009: "LCC from UDC: Managing the Conversion", *Library
Collections, Acquisitions, and Technical Services* 33-2-3: 73-79.

〈規格〉

ISO 5127: 2001 "Information and Documentation—Vocabulary"

ISO 5127: 2017 "Information and Documentation—Foundation and Vocabulary"

ISO 2788: 1986 "Documentation—Guidelines for the Establishment and
Development of Monolingual Thesauri"

ISO 5964: 1985 "Documentation—Guidelines for the Establishment and
Development of Multilingual Thesauri"

ISO 25964-1: 2011 "Information and Documentation—Thesauri and
Interoperability with Other Vocabularies—Part 1: Thesauri for Information
retrieval"

ISO 25964-2: 2013 "Information and Documentation—Thesauri and
Interoperability with Other Vocabularies—Part 2: Interoperability with
Other Vocabularies"

JIS X 0701: 2005 『情報及びドキュメンテーション—用語』

JIS X 0901: 1991 『シソーラスの構成及びその作成方法』

索　引

執筆者紹介 （五〇音順）

足立享祐（あだち・きょうすけ）　1975 年生まれ．東京外国語大学非常勤講師，同大学アジア・アフリカ言語文化研究所ジュニアフェロー．元 U-PARL 特任研究員．専門はインド近現代史（ヒンディー語・マラーティー語）．
〔主要著作〕『明治・大正・昭和期南アジア研究雑誌記事索引』（東京外国語大学 21 世紀 COE 史資料ハブ地域文化研究拠点，2006 年），「近代マラーティー語における辞典編纂と言語認識——モールズワース『マラーティー語＝英語辞典』(1831) を巡って」（『マハーラーシュトラ』，2015 年），「イギリス東インド会社と言語の審級——ボンベイ管区における法廷言語問題を中心に」（『多言語社会研究会年報』，2011 年）

黒澤公人（くろさわ・きみと）　1955 年生まれ．国際基督教大学図書館員．図書館システム，Z39.50，自動化書庫システム，EzProxy，ディスクレスシステム等の導入に携わる．
〔主要著作・講演〕「コンピュータの進化と図書館システムの進化——図書館システムビッグバン 40 年間の旅へ」（『医学図書館』52/3，2005 年），「情報メディアの変化と大学図書館の対応——国際基督教大学図書館を事例として」（『大学図書館研究』72，2004 年），「世界の自動書庫の導入状況について」（『第 14 回図書館総合展フォーラム』講演 2012 年 11 月 20 日）

澁谷由紀（しぶや・ゆき）　1980 年生まれ．東京大学附属図書館アジア研究図書館上廣倫理財団寄付研究部門特任研究員．専門はベトナム南部近現代史．
〔主要著作〕「フランス国立図書館の電子図書館 "Gallica（ガリカ）"」（U-PARL 編『世界の図書館から——アジア研究のための図書館・公文書館ガイド』勉誠出版，2019 年），"The Relationship between Urban Formation of Colonial Saigon City and Vietnamese People: An Analysis of Land Ownership and the Change in City Boundary" (*Journal of Asian Network for GIS-Based Historical Studies* 6, 2019)

坪井祐司（つぼい・ゆうじ）　1974 年生まれ．名桜大学国際学群上級准教授．元 U-PARL 特任研究員．専門はマレーシア近現代史．
〔主要著作〕『ラッフルズ　海の東南アジア世界と「近代」』（山川出版社，2019 年），「1930 年代初頭の英領マラヤにおけるマレー人性をめぐる論争——ジャウィ新聞『マジュリス』の分析から」（『東南アジア　歴史と文化』45，2016 年），「英領マラヤにおけるマレー人概念の土着化——スランゴル州におけるマレー人エリート層の形成」（『東洋学報』93-2，2011 年）

徳原靖浩（とくはら・やすひろ）　1974 年生まれ．東京大学附属図書館アジア研究図書館上廣倫理財団寄付研究部門特任助教．専門はペルシア文学．
〔主要著作〕「イスラーム地域研究資料の収集・整理・利用の課題と展望」（『情報の科学と技術』66/1, 2016 年），「史料を探す，史料から学ぶ」（三浦徹編『イスラームを学ぶ——史資料と検索法』山川出版社, 2013 年）

冨澤かな（とみざわ・かな）　1971 年生まれ．静岡県立大学国際関係学部准教授．元 U-PARL 副部門長．専門は宗教学．
〔主要著作〕「三つの国の「セキュラリズム」——南アジアからこの語の意義を考える」（池澤優編『いま宗教に向きあう 4　政治化する宗教，宗教化する政治』岩波書店, 2018 年），冨澤かな・木村拓・成田健太郎・永井正勝・中村覚・福島幸宏「デジタルアーカイブの「裾野のモデル」を求めて——東京大学附属図書館 U-PARL「古典籍 on flickr！〜漢籍・法帖を写真サイトでオープンしてみると〜」報告」（『情報の科学と技術』68/3, 2018 年）

永田知之（ながた・ともゆき）　1975 年生まれ．京都大学人文科学研究所附属東アジア人文情報学研究センター准教授．専門は中国古典文学．
〔主要著作〕『理論と批評　古典中国の文学思潮』（臨川書店, 2019 年），『唐代の文学理論——「復古」と「創新」』（京都大学学術出版会, 2015 年），「詩序と書簡の間——唐代以前の贈答詩と古代日本文学との比較を通して」（『日本中国学会報』69, 2017 年），「目録学の総決算——『四庫全書』をめぐって」（京都大学人文科学研究所附属東アジア人文情報学研究センター編『目録学に親しむ　漢籍を知る手引き』研文出版, 2017 年）

古田元夫（ふるた・もとお）　1949 年生まれ．東京大学名誉教授，日越大学学長．専門はベトナム地域研究．
〔主要著作〕『東南アジアの歴史』（編著, 放送大学教育振興会, 2018 年），『ベトナムの基礎知識』（めこん, 2017 年），『ベトナムの世界史　増補新装版』（東京大学出版会, 2015 年）

増田勝也（ますだ・かつや）　1979 年生まれ．東京大学大学総合教育研究センター特任助教．専門は自然言語処理．
〔主要著作〕「日本十進分類を用いたカリキュラム比較のための講義自動分類」（『情報処理学会研究報告 教育学習支援情報システム』2015-CLE-17, 2015 年），「学会機関誌の内容からみる学問分野間関係とその変遷——社会学・教育社会学・教育学に着目したテキストマイニング分析」（『年報社会学論集』27, 2014 年），「言語情報と字形情報を用いた近代書籍に対する OCR 誤り訂正」（『じんもんこん 2016 論文集』, 2016 年）

蓑輪顕量（みのわ・けんりょう）　1960 年生まれ．東京大学大学院人文社会系研究科教授．U-PARL 部門長．専門は日本の仏教．
〔主要著作〕『日本仏教史』（春秋社, 2015 年），『中世初期南都戒律復興の研究』（第 2 版, 法蔵館, 2012 年），『仏教瞑想論』（春秋社, 2008 年）

美馬秀樹（みま・ひでき）　1968 年生まれ．東京大学大学総合教育研究センター准教授．専門は人工知能，自然言語処理，教育工学．
〔主要著作〕「MIMA サーチ」（渡辺武達・金山勉・野原仁編『メディア用語基本辞典』〔第 2 版〕世界思想社，2019 年），「知の構造化システムの開発」（松本洋一郎・小宮山宏監修，藤原毅郎・丸山茂夫・伊藤乾編『知識・構造化ミッション：大学は表現する』日経 BP，2005 年）

山本昭（やまもと・あきら）　1957 年生まれ．愛知大学文学部人文社会学科准教授（図書館情報学専攻）．専門は図書館情報学，ターミノロジー．
〔主要著作〕『書物の文化史』（共編，丸善出版，2018 年），「用語集における「定義」について」（『情報の科学と技術』69/9，2019 年）

図書館がつなぐアジアの知
──分類法から考える

2020 年 3 月 31 日　初　版

［検印廃止］

編　者　U-PARL
　　　　（東京大学附属図書館アジア研究図書館
　　　　　上廣倫理財団寄付研究部門）

発行所　一般財団法人　東京大学出版会
　　　　代表者　吉見俊哉

　　　　153-0041 東京都目黒区駒場4-5-29
　　　　http://www.utp.or.jp/
　　　　電話　03-6407-1069　Fax 03-6407-1991
　　　　振替　00160-6-59964

組　版　有限会社プログレス
印刷所　株式会社ヒライ
製本所　誠製本株式会社

© 2020 U-PARL, editor
ISBN 978-4-13-003602-3　Printed in Japan

リチャード・ルービン 著 根本　彰 訳	図 書 館 情 報 学 概 論	A5・5600円
根 本　彰 著	教育改革のための学校図書館	A5・4600円
根 本　彰 編	シリーズ図書館情報学［全3巻］	A5・各3000 〜3200円
河村俊太郎 著	東 京 帝 国 大 学 図 書 館	A5・6400円
石 川 徹 也 根 本　彰 編 吉 見 俊 哉	つながる図書館・博物館・文書館	A5・4200円
熊倉和歌子 著	中世エジプトの土地制度とナイル灌漑	A5・8800円

ここに表示された価格は本体価格です．御購入の
際には消費税が加算されますので御了承下さい．